아무리 책을 많이 읽었다 해도 단지 읽은 것만으로는
나귀가 등에 책을 지고 가는 것과 다를 바 없다.

유대인들의 구약 성경에는 두 가지가 있다.
글로 쓴 성경인 '모세오경(토라)'과 구전되어 내려온 '장로의 유전'이다.
'장로의 유전'을 보존하기 위해 글로 정리한 내용에
현자들이 주석을 달아 완성한 것이 탈무드다.

IQ · EQ 박사 현용수의 유대인 자녀교육 총서
탈무드 시리즈 4

탈무드의 생명력

1판 1쇄 발행 2009년 4월 10일
1판 2쇄 발행 2011년 11월 11일

저자 | 마빈 토카이어
편역자 | 현용수

발행인 | 김재호
편집인 | 이재호
출판팀장 | 안영배

아트디렉터 | 윤상석
디자인 | 박은경
일러스트 | 최영란
마케팅 | 이정훈 · 유인석 · 정택구 · 우지영
인쇄 | 미르 P&P

펴낸곳 | 동아일보사
등록 | 1968.11.9(1-75)
주소 | 서울시 서대문구 충정로3가 139번지(120-715)
마케팅 | 02-361-1030~3 팩스 02-361-1041
편집 | 02-361-1254 팩스 02-361-0979
홈페이지 | http://books.donga.com

저작권 ⓒ 2009 현용수
이 책은 저작권법에 의해 보호받는 저작물입니다.
저자와 동아일보사의 서면 허락 없이 내용의 일부를 인용하거나 발췌하는 것을 금합니다.

ISBN 978-89-7090-698-0 03800
값 12,000원

IQ·EQ 박사 현용수 편저 탈무드 시리즈 4

더 밝은 세상을 만드는 두뇌 개발법

마빈 토카이어 지음 · **현용수** 편역

동아일보사

[한국 독자들에게 드리는 말씀]

　내가 미국 공군으로 한국에서 근무할 때 가졌던 몇 년 간의 좋은 추억들을 기억합니다. 이제 존경하는 현용수 박사가 유대주의에 대한 나의 저서들을 한국말로 번역한다는 소식을 듣고 매우 기쁘게 생각합니다.

　한국인과 유대인은 공통점이 매우 많은 민족입니다. 그리고 매우 비슷한 가치들을 나눌 수 있습니다. 그리고 서로 많은 것들을 배울 수 있습니다.

　나는 유대주의의 이상들이 갖고 있는 정신과 유대인 역사의 교훈 그리고 유대인의 생존법이 한국인들에게 가치 있는 메시지가 되리라 믿습니다. 한국인들이 유대주의에 대해 어떻게 반응하는지 서로 메시지를 나누어 듣기를 기대합니다.

마빈 토카이어

Rabbi Marvin Tokayer
17 Gay Drive
Great Neck, NY 11024

A Personal Message from the Author

I remember so favorably my years in Korea when I was with the U.S. Air Force. I am now so honored that the Rev. Dr. Yong-Soo-Hyun will be translating my books on Judaica into the Korean language. The Korean people and the Jewish people have so much in common, and share so many similar values, and have much to be learned from each other. I trust that the spirit of Jewish ideas, and the message of Jewish history and survival, will be of value to Koreans. I look forward to receiving messages from Korea sharing reactions from the voice of the Jewish experience.

Best wishes,

Rabbi Marvin Tokayer

[LA타임스 현용수 교수 특집 보도]

Los Angeles Times

SATURDAY, JULY 13, 2002   Religion

'We have to learn the secrets of the Jews.'
The Rev. Yong-Soo Hyun

The Rev. Yong-Soo Hyun, left, who has immersed himself in the study of Orthodox Judaism, meets with Rabbi Yitzchok Adlerstein at a Shabbat meal.

Taking a Cue From Jews' Survival

Culture: Minister studies Orthodox Judaism to teach Korean Americans how to educate children, help churches thrive.

By TERESA WATANABE
TIMES STAFF WRITER

The Rev. Yong-Soo Hyun says God called him to abandon a well-paying engineering career 30 years ago in favor of Christian ministry.

So what is he doing shepherding a group of Korean visitors around Southern California to attend a Shabbat dinner, an Orthodox Jewish temple and a lecture by a Jewish rabbi on how to keep children holy?

Hyun, 53, may be the biggest booster of traditional Jewish education in all of Korean America.

It is, he tells you, the antidote to the loss of cultural identity and religious grounding he sees in successive generations of Koreans here.

So the minister now writes books, conducts tours and has even opened the Shema Education Institute to teach Koreans the Jewish "secrets of survival."

"For Korean churches to survive in America, we have to successfully pass down the word of God from generation to generation, just as Jews have done since the time of Moses," said Hyun, a short, dynamic man with an easy grin. "We have to learn the secrets of the Jews."

Hyun, who immigrated to the United States in 1975 at age 28, says he sees several parallels between Korea and Israel.

Both, he says, are small nations surrounded by large and sometimes menacing neighbors.

Both, he says, prospered when their people honored God and became imperiled when they did not. The Israeli captivity in Babylonia, he says, mirrors the Korean colonization by Japan.

His fascination with traditional Judaism was sparked 12 years ago, when he was a doctoral student at Biola University. He was studying the philosophy of Christian education and wrote a term paper comparing secular education with traditional Jewish education.

What struck him, he says, was the way Jewish education seemed to produce children who were intellectually excellent, honed through hours of Torah training and Socratic-style questioning, as well as religiously pious and morally grounded.

Traditional Jews also seemed to keep family ties strong, with fewer generation gaps than he says he found in his own community, and low divorce rates.

Persistence Pays Off

Trying to learn more about Jewish religious education, however, wasn't easy. He called the Orthodox Yeshiva University in Los Angeles but says he was told it was not open to non-Jews. He called again and was told the same thing. The third time, he said he began to argue with the rabbi on the other end:

"Why do you want to hide? God gave the Torah not just for you but also to shine for all nations. If you teach me the secrets of survival, how to keep your children holy, I will teach this to the Koreans. This will be good for you and good for God!" Hyun said he told the rabbi.

There was a pause. Then the rabbi gave him the name and number of Rabbi Yitzchok Adlerstein, a professor of Jewish law at Loyola University and prominent member of the Orthodox community known for reaching out to non-Jews.

Hyun called Adlerstein, who immediately invited him to his home for Shabbat dinner. Even better, Hyun said, Adlerstein agreed to guide his research into Jewish education.

"He allowed me to attend his Talmudic teachings," Hyun said. "He invited me to all of the ritual meals—the Passover Seder, Sukkot, Rosh Hashana. I asked so many questions and he answered them all."

The Shabbat meal, in particular, left a lasting impression. Hyun says. He was moved by the way the family sang a ritual song of praise to Adlerstein's wife—a contrast, he says, with an old Korean saying that the "three dumb things," a man must not do are praise his wife, his children or himself. He was touched by the way Adlerstein blessed each of his children.

And he was impressed at the way Adlerstein taught his children the Torah, quizzing them on passages, never spoon-feeding answers but asking more questions to stimulate their critical thinking skills and creative intellects.

For his part, Adlerstein said he initially thought the idea of a Korean Christian minister wanting to learn about Orthodox Judaism seemed "a little odd."

Although traditional Jews don't believe Judaism was meant for the world—they do not proselytize and often discourage would-be converts—Adlerstein was willing to

guide Hyun.

"Our attitude generally as a community is that when you're enthusiastic about God and his teachings, you have a gift that you want to share with any well-intentioned person," he said.

Armed with his experiences, Hyun was ready to try the techniques on his four sons at home. He announced that, like Adlerstein, he would no longer allow them to watch TV. Instead, three evenings a week he would teach them the Bible.

The reaction? "They rejected it all," Hyun said, laughing.

After too many nights of arguments, Hyun got them interested in Bible studies by asking them to take turns preaching. But more than the intellectual training, Hyun said, it was his ministry of Jewish expressions of family love that seemed to bring the most dramatic results.

Praise for His Wife

For the first time, Hyun says, he began praising his wife as he had seen his Jewish mentor do. He took her to Malibu at night, and strolled around the waterfront. He began washing the dishes and taking his wife on his travels. Before, he said, their marriage was characterized by "no romance—just orders" to her from him.

For the first time, he gathered his sons around to bless them. He asked God to bless them with wisdom, prosperity, leadership and the light of the gospel. "I cried, and they cried," he said.

From then on, he says, his family life dramatically improved. "Judaism showed me patience and how to lead children by wisdom and not authoritarianism. Now our family friendship has recovered."

Eager to share his experiences with other Koreans, Hyun has written a book on Jewish religious education that has sold more than 120,000 copies.

Hyun writes that Jewish fathers develop a child's IQ through Talmudic teachings, while mothers nurture their "EQ," or emotional quotient, with their maternal love—a thesis Adlerstein himself rejects in favor of viewing both parents as responsible for nurturing both aspects.

Experiencing Judaism

Hyun also figures he's reached 300,000 other Koreans in lectures on Jewish education at various seminars and conferences around the world.

And he says he has brought at least 150 people to Los Angeles to experience traditional Judaism firsthand in visits to synagogues and Friday night Shabbat dinners.

During one recent tour, Hyun led a group into the Beth Jacob congregation on Olympic Boulevard, wearing a traditional Korean jacket and a Jewish yarmulke.

After Sabbath prayers, Rabbi Shimon Kraft fielded a stream of lively questions: Why do you wear a beard covering? Why do you wear a beard? Why the door? Why do men shake when they pray? Why do you have two pulpits? Do you evangelize?

Finally, someone asked: "We've learned about Jews, but what do you think about Koreans?"

Kraft gave the crowd a broad smile.

"They are bright, hard-working, studious—just like Jewish people," he said. "We seem to share a lot of the same values."

차례

- 한국 독자들에게 드리는 말씀 · 4
- 〈LA타임스〉 현용수 교수 특집 보도 · 6
- 편역자의 말
  탈무드적 발상법이란 · 12

제1장 Talmud 탈무드와 유대인
― 유대인은 어떻게 살아남아 성공을 거두었는가? ―

유대인의 자기창조 · 18
지(知)의 원천 탈무드 · 22
탈무드식 정보정리법 · 26
공기 같은 사람 · 33
이름에 깃든 역사 · 39
'웃음의 민족'과 여유 · 44
안식일의 힘 · 59
자유를 누리는 다원적 인간 · 70
휴일은 소생의 기회 · 75

제2장 탈무드의 발상법
— 끊임없이 배우고 질문하고 창조하라 —

질문과 호기심의 인간 · 86
배움의 정신 · 93
끝없는 발전에 대한 믿음 · 98
열성적 인간과 여유 있는 인간 · 104
권위로부터의 자유 · 110
상식을 깨는 진정한 자유인 · 115
나의 스승은 나 자신 · 121
읽지 말고 해석하라 · 127
평등의 의미 · 134
삶의 보람을 찾아라 · 143
자신에게 경의를 표하라 · 147
대립을 두려워하지 마라 · 154
낙관은 죽음도 물리친다 · 160
균형 잡힌 유대식 현실주의 · 167
건전한 섹스가 건전한 인간을 만든다 · 171
극단을 싫어하는 지혜 · 178
생육하고 번성하라 · 182
권위를 무너뜨리는 유머 · 186

제3장 탈무드적 인간의 조건
- 뛰어난 균형감각과 독창성 -

과거에서 배운다 · 192
두 마리 토끼를 쫓아야 한 마리라도 잡는다 · 204
오래된 지혜, 성경과 탈무드 · 212
언제나 4월 같은 마음 · 216

제4장 유대 5천 년의 예지
- 인간의 본질을 통찰한다 -

지혜로운 자의 책임 · 226
돈은 도구일 뿐 · 234
논쟁은 세상을 발전시킨다 · 244
가르치는 것과 인도하는 것의 차이 · 248
인간의 본질 · 254
성과 속의 개념 · 261

제5장 역경에의 도전
Talmud
- 생명을 빼앗겨도 신념을 바꾸지 않는 용기 -

마지막 한 수가 있다 · 270
하루는 해 진 뒤 시작된다 · 278
하늘을 나는 말 · 283
고난은 인간을 강하게 만든다 · 286
자존심과 긍지의 차이 · 291
비누 일곱 개, 못 한 개, 성냥 2천 개비 · 299
인생은 바이올린의 현과 같다 · 302
등불을 밝혀라 · 305

에필로그 · 308

[편역자의 말
탈무드의 생명력(탈무드 제4권)을 펴내면서]

탈무드적 발상법이란

현대는 정보화 시대라고 한다. 사람들은 더 많은 정보를 얻기 위해 세상 학문이나 인터넷에 매달린다. 대부분의 한국식 교육이 그렇다. TV 퀴즈 프로그램을 보면 여러 가지 지식을 암기하고 있는 사람이 퀴즈 왕이 된다. 그런데도 왜 특출한 인재는 잘 나타나지 않는가?

탈무드는 이렇게 설명한다. "책을 많이 읽었다 해도 단지 읽은 것만으로는 나귀가 등에 책을 지고 가는 것과 다를 바 없다." 때로는 생각하기가 싫어서 생각으로부터 도망치기 위해 책을 읽는 사람도 있다.

얼마나 많은 책을 읽었는가도 중요하지만, 그 책의 정보를 어떻게 내 것으로 정리해서 또 다른 새로운 것을 창안해내느냐가 더 중요하다. 즉 한 권의 책을 읽더라도 그 속의 정보를 가지고 질문을 해서 새롭게 자신만의 것을 이끌어내는 지혜를 가진 자가 성공한다.

노벨상의 30%를 유대인이 차지한 비밀은 여기에 있다. 이 비밀을 푸는 열쇠는 두 가지다. 성경과 탈무드다. 성경이 유대인들의 정신적 지주라면, 탈무드는 유대인들의 지적(知的) 기반이다.

그렇다면 유대인은 성경을 읽는 수많은 다른 종교인들과 무엇이 다른가? 유대인은 탈무드적 발상을 한다는 점에서 큰 차이가 있다. 탈무드를 일관하는 것은 토론이며, 또한 탈무드적 발상을 지탱하는 것은 논쟁이다. 유대인은 끝없이 토론과 논쟁을 일삼는 민족이다. 어떻게 보면 말이 많은 골치 아픈 민족이다. 편역자 주 《유대인 아버지의 4차원 영재교육》(현용수, 동아일보, 2006년) 제3부 '노벨상 30%의 비밀, 유대인의 4차원 영재교육' 참조. 1948년 이스라엘이 독립하던 해, 이스라엘의 초대 총리인 벤 구리온이 1억 5천만 미국 국민의 지도자인

트루먼 대통령을 만났다. 트루먼 대통령이 "실직자 문제 때문에 골치가 아프다."라고 하자 벤 구리온 총리는 "이스라엘 인구는 200만 명밖에 안 되는데도 미국보다 훨씬 더 골치가 아픕니다."라고 했다.

탈무드는 학자들이 벌이는 토론회 속기록과 같다. 중세 신학자인 스피노자로부터 시작하여 근대에 와서는 칼 마르크스와 프로이트, 아이슈타인, 오늘날에는 키신저 전 미국 국무장관에 이르기까지 유대인이라면 매일 단 10분이든 15분이든 탈무드를 공부해 왔다.

탈무드는 유대인의 정신이며 두뇌다. 유대인들은 여기에서 통찰력과 인생의 법칙, 새로운 의문을 끌어낸다. 유대인들은 '탈무드적 존재'라는 말을 들어 왔다. 바꾸어 말하면 탈무드적인 인간이었기에 유대인들은 성공을 거두고 살아남은 것이다.

이 책은 탈무드적 인간은 어떻게 사고하는가를 소개한다. "지혜는 그것을 살리려는 자의 머리 위에서만이 빛난다."고 강조한다. 역사를 지식으로만 아는 것이 아니고 그 역사 속의 상황을 현재에도 똑같이 반복하는 삶을 살아야 한다고 말한다. 따라서 "시대가 새로워지는 것이 아니라 우리가 새로 태어난다."고 주장한다. 5천 년의 뼈아픈 역사 속에서 살아남은 탈무드. 유대인이 탈무드를 보존한 것이 아니라 탈무드가 유대인을 존속시켰다고 하겠다.

편역자는 새로운 시대를 살아가야 할 독자들을 위해 탈무드에 집약된 유대 민족의 지혜와 발상을 전하고자 탈무드 1(탈무드의 지혜:세계를 움직이는 지혜의 보고), 탈무드 2(탈무드와 모세오경:랍비가 해석한 모세오경), 탈무드 3(탈무드의 처세술:허리를 굽혀야 진리를 줍는다)에 이어 이번에 탈무드 4(탈무드의 생명력:더 밝은 세상을 만드는 두뇌 개발법)를 발간한다.

2009년 3월 미국 Los Angeles
쉐마교육연구원에서
현용수

제1장

탈무드와 유대인
Talmud

- 유대인은 어떻게 살아남아 성공을 거두었는가? -

유대인의 자기창조

유대인은 5천 년 동안이나 불확실한 나날을 보내 왔다. 오늘날 전 세계 유대인 인구는 1천600만 명을 넘지 못한다. 세계적인 대도시 인구의 두 배에 불과한 숫자다. 전 세계 인구를 42억 명으로 추산하면 유대인은 0.38%밖에 되지 않는다. 편역자 주 이 책의 통계는 1960년대 것이다. 그러나 과학, 예술, 경제 등 모든 분야에서 지도적 위치에 있는 사람들의 10% 이상이 유대인이다.

노벨상을 예로 든다면 1901년 이후 오늘날까지 경제 분야에서는 65%, 의학에서는 23%, 물리학에서는 22%, 화학에서는 11%, 문학에서도 7%의 수상자가 유대인이다. 사실 인구 비례로 따지면 노벨상을 하나도 받지 못했다 해도 이상할 게 없다.

일반적으로 유대인이라고 하면 '돈을 잘 번다'는 이미지가 강하다. 그러나 유대인은 돈보다 지적 생산력이 뛰어난 민족이다. 그러한 능력을 기반으로 전 세계 유대인들이 중상류 이상의 삶을 누릴 수 있었다. 이렇게 되기까지 유대인들은 자신의 능력을 바탕으로 이 세상에 잘 적응하며 창조력을 발휘해 왔다. 게다가 오랫동안 이민족들 사이에서 학대와 박해를 받아 온 유대의 역사를 상기하면, 그들 개개인이 얼마나 불확실하고 불리한 환경 속에서 스스로를 단련하며 충실히 능력을 키워 왔는지 알 수 있다.

왜 유대인 한 사람 한 사람이 중요한가? 이유는 간단하다. 유대인은 수적으로 매우 적고 오랫동안 세계 도처에 흩어져 살았기에 집단행동을 할 수가 없었다. 그래서 오로지 자신의 힘에 의지하며 버텨 왔고 앞날을 개척해 왔기 때문이다.

유대인이 해방을 맞은 것은 19세기 중반에 접어들어서였다. 그만큼 유대인은 물질적인 풍요와는 거리가 먼 삶을 살아왔다. 그럼에도 불구하고 유대인의 성공률이 매우 높다는 것은 무엇을 의미할까? 유대인이 자신을 창조해 나가는 데 공을 들인다는 것이다. 유대인에게는 자신을 만드는 것이 가장 큰 재산이다. 이와 같은 독자적인 창조력은 유대적인 사물의 관찰법이나 생활방식에서 얻어진 것이다.

만약 유대인이 없었다면 오늘날의 '현대 세계'는 없었다고 해도 과언이 아닐 것이다. 유대인은 근대에 접어들면서 세계를 개혁하는 한편 과학, 정치, 예술 등 모든 방면에서 새로운 세계를 낳는 원동력이 되었다. 오늘의 세계를 만드는 데 기여한 4명의 위대한 인물을 들라고 하면 마르크스, 뉴턴, 프로이트, 아인슈타인의 이름이 떠오를 것이다. 이 가운데에서 유대인이 아닌 사람은 뉴턴뿐이다. 마르크스는 유물론을 만들었다. 프로이트는 근대 심리학의 기초를 굳혔다. 아인슈타인은 상대성 원리를 발견해냄으로써 근대 물리학의 문을 열었다.

유대인을 성공으로 인도한 비밀은 유대인이 자신을 창조해 왔다는 것이지만, 그것을 지탱하고 있는 것은 유대인 5천 년 역사가 뒷받침하는 전통인 것이다. 오랜 역사를 통해 배양된 유대인의 독특한 전통이 높은 성공률을 가진 민족을 낳게 한 것이다.

물론 세계에는 유대인과 마찬가지로 오랜 역사를 가진 민족이 적지 않다. 중국, 그리스, 이집트, 인도 등 열거해 보면 열 손가락으로 꼽기가 어렵지 않다. 그러나 다른 민족들 중에는 유대인만큼 사회적으로 크게 성공을 거둔 경우를 찾아보기 어렵다.

대체 이 차이는 어디에서 나온 것일까. 중국, 그리스, 이집트, 인도 같은 나라들에게 오랜 역사나 전통은 아무리 자랑스러울지라도 과거의 기록에 지나지 않는다. 반면 유대인들은 자신들의 역사나 전통을 살아 있는 교훈으로 되씹음으로써 역사와 전통을 단순한 기록으로 서가에 꽂아 놓는 것이 아니라 더욱 발전하기 위한 발판으로 삼았던 것이다.

지(知)의 원천 탈무드

유대인은 누구나 오늘의 과제로서 과거의 전통을 공부한다. 또, 이 전통이 기록되어 있는 것이 유대인의 성전인 탈무드다. 탈무드는 거대한 책이다. 히브리 어로 쓰인 20권의 책, 1만 2천 쪽, 250만 단어에 달한다. 이 탈무드는 유대인의 지적 원천을 이룬다. 자신을 더 발전시키고자 하는 유대인이라면 하루에 한 번쯤은 탈무드를 공부한다.

탈무드는 여러 가지 면에서 기묘한 책이다. 하나의 책으로 엮인 것은 겨우 1천500년밖에 안 된다. 유대 민족의 기원은 5천 년 이상으로 거슬러 올라가지만, 탈무드는 기원전 500년부터 서기 500년까지 구전(口傳)되어 오던 현자들의 지혜를 당시 5천여 명 이상의 랍비가 모여 10년이란 세

월에 걸쳐 편찬한 것이다.

탈무드는 두 종류가 있다. 하나는 서기 3세기에 팔레스타인(현재의 이스라엘)에서, 또 하나는 서기 5세기에 바빌로니아에서 당시 세계의 유대인 현자들이 모여 그때까지의 지혜를 집대성했다. 전자를 '팔레스타인 탈무드', 후자를 '바빌로니아 탈무드'라고 부른다. 그러나 일반적으로 탈무드라고 하면 '바빌로니아 탈무드'를 말한다.

서기 70년 로마 제국에 의해 유대 왕국이 멸망당한 뒤 팔레스타인의 유대인들은 로마의 지배 아래에서 가혹하게 유린당한다. 따라서 유린을 당하면서 비밀리에 만들어졌기에 '팔레스타인 탈무드'는 얄팍한 한 권의 책이 되었고, '바빌로니아 탈무드'는 1만 2천 쪽에 달하는 방대한 책이 되었다.

탈무드의 특징은 끝이 없는 책이라는 데 있다. 탈무드의 마지막 페이지가 언제나 여백으로 남아 있는 것은 이 때문이다. 이것은 서기 5세기에 바빌로니아 탈무드가 만들어진 이래 오늘날까지 계속해서 유대인의 새로운 지식이 거기에 기재되어 왔음을 뜻한다. 보통 책은 끝이 있으나 탈무드는 끝이 없는, 끝을 모르는 책이다.

탈무드는 아랍 어로 '깊이 배운다'는 뜻이다. 이것으로 미루어 짐작할 수 있듯이, 책을 읽을 때 독자는 언제나 여백에 자신의 생각을 반드시 첨가할 의무가 있음을 염두에 두어야 할 것이다.

탈무드식 정보정리법

이 책 28쪽을 보아주기 바란다. 거기에는 탈무드의 한 부분이 실려 있다. 이것은 히브리 어로 쓰여 있다. 히브리 어는 한문(漢文)처럼 오른쪽에서 왼쪽으로 읽는다.

히브리 문자는 기원전 4000년부터 시작된 이집트나 수메르가 발명한 상형문자(象形文字), 아시리아와 바빌로니아 문명의 산물인 설형문자(楔形文字)가 혼합되어 만들어진 문자에서 발전한 것이라고 생각된다.

히브리 어가 어떻게 성립되었는가에 대해서는 여러 가지 설이 있다. 예컨대 히브리가 민족이나 지역을 가리키는 것이 아니라 기원전 3000년경 중근동(中近東)에서 노예로 일하던 계급을 지칭한다는 설도 있다.

▎유대인 소년이 아침 기도회 시간에 기도복을 두르고 기도서를 읽고 있는 모습.

　구약 성경에서 사용되는 것은 고대 히브리 어이며 오늘날 이스라엘에서 사용되면서 공용어로 부활한 것이다. 고대 히브리 어는 기원전 6세기경 예루살렘이 바빌로니아에 의해 함락되고, 유대인이 바빌로니아의 포로 신세가 되었을 무렵까지는 사용되었으나, 그 후에는 종교적인 기도에 쓰이는 말이 되었다. 편집자 주 유대인은 매일 기도를 드릴 때 읽는 기도서가 있다. 히브리 어는 그 기도서를 읽을 때 사용하는 언어라는 뜻이다. 일반인은 대신 아랍 어를 사용하고 있었다.

　앞서 말한 대로 이 책 28쪽에 있는 탈무드 본문은 히브리 어로 쓰여 있다. 외국인 독자나 비유대인에게는 이 지면이 매우 복잡하게 여러 조각으로 보이겠지만, 유대인의 눈에는 이만큼 정보가 잘 정리된 지면도 드물다. 탈무드는 모든 지면이 이와 같은 양식으로 쓰여 있다.

그러면 이 배치와 배열(配列)에 대해 생각해보자. 정보를

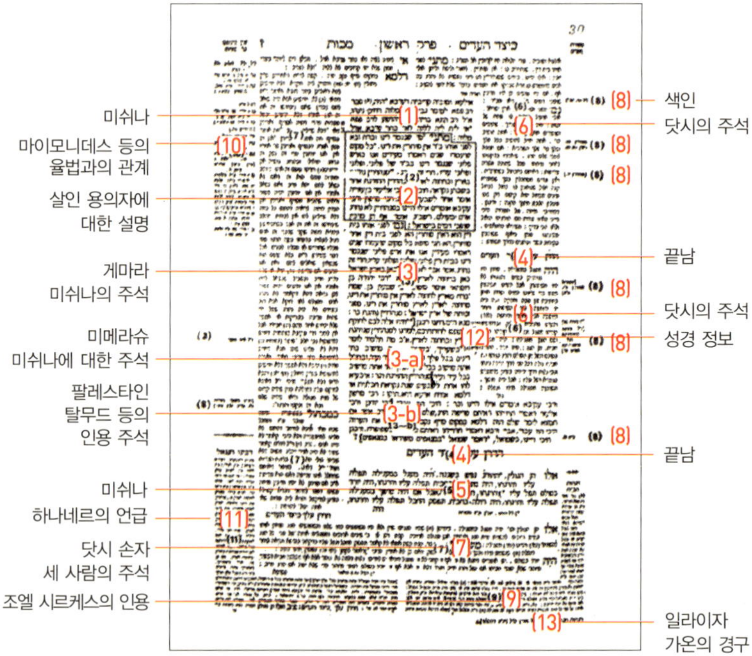

▎탈무드의 배치와 배열의 사례.

찾아내려 할 때 무엇이 필요한가? 가능한 한 순간적으로 자신의 손가락 끝에 자신이 요구하는 정보가 있어야 한다. 또, 그런 특성뿐만이 아니라 그 정보를 둘러싼 다른 정보가 가까이에 있는 편이 바람직한 일이다. 곧 하나의 유익하고 적절한 색인(索引: Index) 같은 것이 작은 공간 속에 들어 있으면 더욱 편리하다. 만약 히브리 어를 이해할 수 있다면 이 페이지가 얼마나 유효적절하게 정리되어 있는가를 알고 놀랄 것이다. 그러나 히브리 어가 생소하다면 이것은 어수선한 어휘의 나열로밖에는 보이지 않을 것이다.

이 페이지 (2)에는 살인 용의자로 몰린 사내를 어떻게 다루면 좋은가에 대한 내용이 실려 있다. 이 살인 용의자는 사형판결을 받았으나 탈주해버렸다. 그런데 이 사나이를 다시 사로잡았을 때 어떻게 할 것인가가 다루어지고 있는 것이다. 이것은 중요한 테마다. 다시 말해 발견한 그 자리에서 곧 죽여도 좋으냐 아니면 하루를 기다려야 하느냐에 대한 논의다. 여기서 번호가 붙은 부분을 살펴보기로 한다.

먼저 (1)은 앞 페이지의 계속이다. 이 부분을 '미쉬나'라고 한다. 그 뜻은 되풀이해 배운다는 것이다. 요컨대 복습을 말한다. 무엇에 관해 깊이 배운다는 뜻이다. 편역자 주 유대인 교육은 반복교육이 많다.

(3)은 '게마라'라고 하며 랍비에 의한 미쉬나의 주석(註釋)이다.

(3)의 a는 괄호가 쳐져 있는데 이 괄호 안의 것을 '미메라슈'라고 하며 미쉬나 부분에 대해 성경에서 따온 주석들이 서술되어 있다.

(3)의 b는 팔레스타인 탈무드 등에서 인용한 주석이다.

(4)는 대목이 끝난 것을 말해준다.

(5)는 다음 부분의 미쉬나다.

(6)은 '닷시'라고 호칭되는 위대한 탈무드 학자나 랍비에 의한 주석이다.

(7)은 닷시의 손자 세 사람에 의한 주석이지만 이 세 사람도 역시 고명한 랍비이며, 이 세 사람의 손자에 의한 주석은 조부인 닷시의 견해에 대한 보충적인 것인 동시에 경우에 따라서는 새로운 견해 또는 다른 견해로 제출되기도 한다.

(8)은 색인이다. 이 대목에 대해 탈무드 중에서 연관성이 있는 것은 어디에 실려 있는가를 나타내고 있다. 이 (8)

은 색인이긴 하지만 (10)과는 달리 탈무드 속에서 참고가 될 만한 정보가 어디에 쓰여 있는가를 나타내고 있다.

(9)도 역시 유명한 탈무드 학자이며 랍비인 조엘 시르케스(1516~1604)의 인용이다.

(10)은 마이모니데스 등에 의한 율법과 어떤 관계를 가졌는가를 말해준다. <편역자 주> 중세기 마이모니데스(Maimonides: 1135~1204)는 유대인의 토라(모세오경)에 있는 율법들을 일목요연하게 613개로 분류했다. 그는 613개의 율법들을 '하라'는 긍정적인 율법과 '하지 마라'는 부정적인 율법으로 나누고, 그 다음에 주제별로 정리한 뒤 순서대로 613개의 번호를 붙였다.

(11)은 11세기 초의 유명한 랍비였던 하나네르에 의한 언급이다. 하나네르는 북아프리카에서도 활약했다.

(12)는 성경의 어디에 관련된 정보가 실려 있는가를 말해주고 있다.

(13)은 러시아 북서부에 위치한 리투아니아의 수도 빌나(현재 빌뉴스)에서 97년간 살았던 탈무드 학자인 일라이자 가온(1720~)에 의한 짧은 경구다.

이 탈무드의 지면 작성법은 규칙만 알면 한눈에 알 수가 있다. 가운데의 기둥 곧 (1)에서 (3)의 b까지의 부분에는 가장 기본적인 정보가 쓰여 있다.

그러므로 경우에 따라서는 중앙에 있는 (1)에서 (3)의 b까지의 중앙 부분만 읽어도 무방하다. 나아가서는 이 중앙 부분에 내포되어 있는 정보를 어떻게 해석하고 음미하면 좋을까 하는 단계까지 필요한 사람은 그 옆을 보면 된다. 요컨대 바깥쪽으로 나갈수록 본질에서 약간 벗어난, 참고 문헌적인 성격을 띤다.

현대인도 곧잘 흰 종이를 벽에다 붙이고 정보를 도식화(圖式化)해서 정리한다. 유대인들은 옛날부터 이처럼 한 장의 종이 위에 정보를 정리하는 기술을 가졌었다. 이런 훈련을 통해 우리는 정보의 경중(輕重)을 알게 된다. 많은 정보가 있어도 사항에 따라 무거운 비중(比重), 가벼운 비중, 또는 무시해도 좋을 것까지 갖가지 중요도로 나누는 것이다.

이와 같이 정보를 분류하려고 할 때, 한 장의 큰 종이에다 기입하면 정리가 수월하고 보기도 편하다. 탈무드의 기재 방법은 그 전형(典型)인 것이다.

공기 같은 사람

유대인은 굴욕에 강한 민족이라고 한다. 이것은 탈무드적 성격에서 생겨난 것인지도 모른다. 왜냐하면 탈무드는 자신보다 아랫사람으로부터 모욕을 당해도 수치가 아니라고 가르치고 있기 때문이다.

유대인의 역사는 굴욕의 역사였다. 오늘날에 와서는 유대인이 부자라는 이미지가 강하지만 역사적으로 대부분의 유대인들은 매우 가난했다. 유럽에서는 법적인 차별을 받았고 많은 유대인들이 정해진 직업에만 종사해야 했다. 또, 토지를 소유할 수도 없었으며 제조업자들의 조합인 길드(Guild)에 들어갈 수도 없었다. 몇몇 성공한 유대인도 있지만 다수의 유대인은 하루살이였다. 또, 유럽 각 지역에서 유대인을 강제 격리하기 위한 게토가 만들어졌고 베를린을 비롯한 도시의 성문에는 유대인 전용 문이 따로 있어서 그곳으로 출입해야만 했다. 게토의 인구가 증가하면 면적이 한정되어 있어 건물이 높아질 수밖에 없었다. 그러므로 중세 유럽의 각 도시에서는 유독 유대인 거주 구역의 건물들만 높이 치솟았다. 편집자 주 게토는 원주민이 유대인의 거주지를 법적으로 정해놓은 곳이다. 유대인은 그 지역을 벗어나면 안 되었다. 즉 유대인은 거주지를 마음대로 옮길 자유가 없었다. 그러나 유대인은 결코 좌절하지 않았다.

여기서 이디시 어인 '루프트멘슈'라는 말을 소개하기로 한다. 이디시 어는 동유럽의 유대인들이 사용한 언어로 독일어의 방언(方言)과 같은 것이다. 정확하게 말한다면 독일어를 바탕으로 로만스 어, 히브리 어, 아랍 어, 11세기 이후에는 폴란드 어, 러시아 어 등이 섞인 혼합어다. 동유럽에 한정된 것이 아니라 네덜란드, 스위스, 독일과 그 밖에 러시아 중에서도 특히 우크라이나 같은 지방의 유대인들 사이에서 널리 통용된 말이다.

많을 때에는 1천만 명 이상의 유대인이 사용했으나 제2

차 세계대전 때 나치 독일의 유대인 학살이 자행되면서 사용자 수가 급격히 줄어들었다. 이디시 문학이라는 것도 있으며 카프카도 이디시 어로 글을 쓴 작가 중 한 사람이었다.

이 이디시 어에 '루프트멘슈'라는 말이 있다. 옮기면 '공기 같은 사람'이라고 할까. '공기와 같이 경쾌한 사나이'라는 뜻인데 여기에는 유대인의 비밀 같은 것이 숨겨져 있다.

앞서 말한 바와 같이 중세 유대인들은 박해를 받고 있었기에 농업이나 제조업 같은 직업다운 직업을 갖기 어려웠다. 그래서 많은 유대인들이 금전 대여업이나 중개업(仲介業) 같은 것을 택했다. 물론 금전 대여업을 하는 유대인은 운이 좋은 편이었다. 더욱 운이 좋은 이들은 수학적 두뇌나 상업적 재능을 발휘하여 당시 왕후 귀족의 관리인으로 일하기도 했다. 어쨌든 그 무렵에는 유대인 외에는 글을 읽고 쓰고 계산할 줄 아는 사람들이 많지 않았다.

그러나 게토의 유대인은 대부분 하루살이 신세였다. 무엇이든 기회가 있으면 달려들어 그것을 이용해야 했다. 조금이라도 틈바구니가 생기면 공기처럼 침투하지 않을 수

없었다. 그리하여 '공기'인 '루프트'에 '인간'인 '멘슈'라는 말이 붙은 조합어가 생겼다. 유대인은 모든 상황을 종합해서 연구할 능력을 가져야만 살아갈 수 있었다. 그 결과 만능선수로서의 유연성과 적응성을 갖게 된 것이다.

오늘날 우리는 다양한 가치관이 병존하는 시대에 살고 있다. 그 다양한 가치관을 활용하기 위해서는 유대인처럼

'루프트멘슈'여야 한다. 공기처럼 가볍고 어디에라도 파고들 수 있는 인간, 그러면서 공기처럼 누구나 필요로 하는 인간, 즉 '루프트멘슈'가 되어야 하는 것이다.

'루프트멘슈'는 또한 대단한 긍지를 가진 사람들이었다. 왜냐하면 외부의 척도(尺度)로 자신을 측정하지 않았기 때문이다. 그들은 일을 하면서 체면이나 자신의 긍지를 일일이 챙길 여유가 없었기에 어떤 일이든 했다. 요컨대 일이라면 무엇이나 해야 한다고 생각했다. 그들은 어떤 일이든 참고 견뎠다. 그렇게 '루프트멘슈'로서 다양한 일을 해내는 동안 성공의 실마리를 잡을 수가 있었다.

독일어로 항공편을 '루프트포스트'라고 하듯 '루프트'란 '하늘' 또는 '공기'이고 '멘슈'는 인간을 말한다. 그러나 독일어에서 말하는 '공기 같은 사나이'와 이디시 어의 '루프트멘슈'는 의미가 전혀 다르다.

고난은 인간을 공기화 한다. 이제 가치관의 확산(擴散) 시대다. 거기에 대비하기 위해 우리는 '루프트멘슈'로서 살아가야 할 것이다.

이름에 깃든 역사

유대인은 종교적으로도 많은 박해를 받아 왔다. 로마 교황은 유대인들에게 유대인임을 나타내는 기장(記章)을 달거나 정해진 복장을 착용하도록 몇 차례나 명령한 바 있다. 또, 지역에 따라 유대인 거리가 방화를 당하거나, 영주에 의해 재산을 몰수당하고 추방되는 일도 있었다. 영국이나 스페인은 거국적으로 유대인을 추방했다.

탈무드도 예외는 아니었다. 중세에는 그리스도교도들이 탈무드를 몰수해 태우는 일들이 잦았다. 이를 피해 땅속에 묻은 탈무드들만 박해를 면할 수 있었다. 1240년에는 교황 그레고리우스 9세가 탈무드 소각 명령을 내렸다. 1세기에는 몇 차례나 이와 같은 명령이 로마 교황청으로부터 내려졌다. 1265년 클레멘스 4세가 탈무드를 불태워버리라는 칙명을 내렸을 때에는 전 유럽에서 수만 권의 탈무드가 소각되었다.

물론 시대에 따라서 탈무드의 존재가 허용될 때도 있었다. 최초로 탈무드가 인쇄된 것은, 오늘날 알려진 바에 의하면 1482년에 스페인 카르타헤나에서였다. 여담이지만, 탈무드 초판본은 판권을 표기한 세계 최초의 책이다. 표지에 '허가 없이 되박는 것을 금지한다'고 기입했기 때문이다. 일반적으로 이것이 세계 최초의 저작권(著作權)이라고 생각되고 있다.

그러나 10년 후 유대인들은 스페인에서 추방되었다. 또, 수년 후에는 포르투갈에서도 추방되어 대부분의 탈무드가 몰수되었다. 1482년판 탈무드가 발견된 것은 최근의 일이다.

1520년에는 로마 교황 레오 10세가 탈무드의 인쇄를 허가했다. 그리하여 탈무드의 신판이 몇 가지 나왔다. 그러나 1533년에 교황 율리우스 3세가 다시 탈무드를 소각하라는 명령을 내렸다. 당시 이탈리아에서 수만 권의 탈무드가 소각되었다. 1592년에는 교황 클레멘스 8세가 탈무드의 소

지와 연구를 금지하는 칙령을 내렸다. 이와 같은 박해가 완화된 것은 18세기에 접어들어서였다.

이제 이름에 관해 살펴보기로 하자. 유대인은 대부분 18세기에 접어들어 성(姓)을 갖게 되었는데, 듣기만 해도 유대인의 이름이라고 단정할 수 있는 경우가 많았다. 예를 들어 스나이더, 라아나, 도이치, 골드슈타인, 아인슈타인 등인데 스나이더는 양복점, 라아나는 학자, 도이치는 독일이라는 뜻이다.

이름에도 유대인 특유의 역사가 담겨 있다. 유대인들은 성을 갖기 전까지는 이자야 벤 다산의 경우처럼 누구의 아들 누구라는 식의 이름으로 불리고 있었다. 이 경우는 '다산의 아들 이자야'가 된다. 이스라엘의 초대 총리인 다비드 벤 구리온은 구리온의 아들 다비드다. **편역자 주** 유대인은 '다윗'을 '다비드'라고 발음한다. 영어 발음은 '데이비드(David)'다.

또, 유대인이 종사하고 있던 직업에 따라 스나이더, 칸터(가수)·랍비노비츠(랍비)·슈피겔(거울장수)·산드러(구둣방)·골드슈미트(금은세공)라든가, 살고 있는 장소에 따라

바르샤프스키(바르샤바)·토카이어(헝가리의 토게이), 또는 클라인(꼬마)·클로스(거인)·슈바르츠(얼굴이 검은) 등 외견상의 특징이 이름 대신으로 쓰이기도 했다. 또, 아버지의 이름 아래 아들이라는 뜻의 son을 붙인 사무엘슨·멘델스존이나 야코브손이란 이름도 있다.

18세기로 접어들자 각국 정부가 유대인 등록부를 작성하기 위해 유대인에게 성을 갖도록 강요했다. 오스트리아의 요셉 황제가 1787년에, 나폴레옹 1세가 1808년에, 프로시아 정부가 1819년에 이와 같은 명령을 내렸다.

그렇다고 누구나 함부로 자신이 좋아하는 성을 가질 수는 없었다. 각국 정부는 유대인을 수탈하려는 목적으로 유대인에게 성을 팔았다. 좋은 성은 비싸고 나쁜 것은 쌌다. 값비싼 성에는 꽃이나 귀금속 명이 붙었다. 로젠탈(장미), 골드슈타인·골드버그(황금), 실버버그(은), 슈타르(강철), 아이젠버그(철) 등은 비싼 성이었다. 그러나 유대인들은 대부분이 가난했기에 값싼 성을 골라야 했다. 값싼 성이란 울프(늑대)·울프슨 등 동물 명칭이 붙은 것들이었다.

성을 갖고 싶어도 돈이 없는 사람도 있었다. 돈을 지불

할 수 없는 사람에게는 에젤코프(나귀의 머리), 프레서(지방 덩어리), 힌터게시트(엉덩이)처럼 모욕적인 성이 주어졌다. 나귀는 유럽 각국어나 영어에서 '바보'를 뜻한다. 오늘날 이런 성을 가진 사람들은 모두 개명(改名)했다.

'웃음의 민족'과 여유

유대인은 '웃음의 민족'으로도 알려져 있다. 유대인들은 웃음을 높이 평가한다. 유대인들은 모이기만 하면 조크(joke)를 주고받는다. 유대인들에게 조크는 지적(知的)인 것이다. 그러나 그리스도교도나 동양인들은 조크를 높이 평가하지 않는다.

히브리 어에서 조크에 해당하는 말은 '호프마'인데, 이것은 동시에 지혜나 예지(叡智)를 뜻한다. 예지와 조크가 같은 말이라고 하는 데에서 조크를 높이 평가하는 유대인들의 사고방식을 엿볼 수 있다.

유대인인 로스차일드는 18세기 영국에서 대부호가 된 사람이다. 로스차일드는 금융업자였는데 영국의 궁궐이나 런던의 유력자들에게 조크를 효과적으로 사용하여 그 사회에 파고든 것으로 널리 알려져 있다. 당시는 나폴레옹 시대였는데 아직 전신(電信)이 없었다. 그리고 대부분의 유대인은 유럽에서 살고 있었다. 로스차일드는 사람을 시켜 유럽으로부터 새로운 조크를 가져오게 해서 런던 사교계에 퍼트려 큰 인기를 얻었다.

위대한 학자인 아인슈타인과 프로이트는 뛰어난 코미디언이기도 했다. 그들은 언제나 손님을 웃기고 즐겁게 했다. 유대인에게 학자인 동시에 코미디언인 것은 아무런 모순도 없다. 아인슈타인이나 프로이트는 조크로 두뇌를 단련했다고 할 수 있다.

조크는 흔히 '지성의 숫돌'이라고 불린다. 유대인 아이들은 성장하면서 부모로부터 여러 가지 수수께끼나 조크를 듣고 가정 안에서 지성을 단련시킨다. 실제로 조크만큼 폭넓은 상상력과 기지를 필요로 하는 것도 없다. 감정을 예민하게 하고 연상력(聯想力)을 단련시킨다. 또, 조크는 빠른 두뇌 회전을 요구한다. 조크만큼 권위를 파괴하는 힘을 갖고 있는 것도 없다. 조크는 영감(靈感)을 비장하고 있다. 이 영감은 굳어버린 머릿속에서는 생기지 않는다.

유대인들은 '고지식하다'든가 '꽁생원'인 것을 배척한다. 그런 말을 들을 정도로 굳어버린 머리는 상상력이 결여되어 있다고 보기 때문이다.

조크는 '강 건너편에서 지켜본다'고 하는 발상 위에서 성립되었으므로 일종의 여유이기도 하다. 고지식한 인간은 곧게 그은 넓이 5센티미터나 10센티미터의 선 위만을 열심히 걷고 있는 것이나 마찬가지다. 그러나 웃음을 알고 있는 인간은 넓은 들판을 자유롭게 돌아다니는 자유인이다. 이런 사람이야말로 진정한 여유를 가졌다고 할 수 있다. 자신의 주장이나 권위를 쓸데없이 고집 피워 지키려 하지 않고, 옆으로 뛰쳐나와 먼 곳에서 바라볼 수 있는 유연한 머리의 소유자인 것이다.

아인슈타인은 이런 말을 남겼다.

"내게 가장 위대한 학교는 조크였다. 세상에서 알고 있는 규칙을 이해하지도 못한 채 그대로 받아들여서는 안 된다. 그 규칙에 얽매여 있으면 그 규칙을 번복시킬 만한 새로운 것을 만들어낼 수 없기 때문이다."

아인슈타인의 이 말은 무슨 뜻일까? 여기에서 조크 하

나를 예로 들어 생각해보자.

얼마간의 돈을 모은 유대 노인이 죽음을 맞게 되었다. 그는 임종의 자리에서 괴로운 듯이 아들에게 말했다.

"랍비를 불러라. 랍비를 불러."

랍비가 자기 집을 향해 오고 있다는 말을 듣고서 그 노인은 아들에게 물었다.

"랍비가 나를 위해 기도를 해주면 나는 틀림없이 천당에 갈 수 있을까?"

"물론 랍비가 기도해주시면 틀림없이 천당에 가실 것입니다."

"그래, 하지만 상당히 많은 사례금을 주어야 되지 않겠니?"

노인은 더욱 괴로운 표정을 지었다.

아들이 말했다.

"아버님, 천당에 가시려면 1만 달러쯤은 필요할 것입니다."

"하지만 정말 천당에 갈 수는 있을까?"

노인은 또 괴로운 숨을 몰아쉬면서 물었다.

"물론 가실 수 있으리라고 생각합니다."

그러자 노인은 아들에게 말했다.

"가톨릭 신부를 불러라. 랍비와 함께 기도를 해달라고 하자. 그리고 신부에게도 1만 달러를 지불하자. 만약 유대교에 천당이 없다면 가톨릭의 천당에는 갈 수 있지 않겠느냐."

아들은 사랑하는 아버지가 돌아가시게 되었으므로 가톨릭 신부에게도 "와서 기도를 해주십시오."라고 부탁했다.

"아버님, 가톨릭 신부도 곧 오실 것입니다."

노인은 불안한 표정을 지으면서 다시 물었다.

"그렇지만 랍비도 가톨릭 신부도 만약 안 된다면 어떻게 하지?"

아들이 말했다.

"글쎄요 프로테스탄트(개신교) 목사도 초청하는 것이 좋을지 모르겠군요."

"그렇지, 프로테스탄트 목사도 불러라. 그런데 천당에 가려면 돈이 얼마나 들까?"

아들은 이렇게 대답했다.

"역시 1만 달러는 필요하겠지요."

노인은 더욱 괴로운 숨을 몰아쉬면서 말했다.

"알았다."

이윽고 유대교 랍비와 가톨릭 신부와 프로테스탄트 목사가 병실에 들어와 각각 장시간 기도를 올렸다. 노인은 평온한 미소를 띠면서 세 천당 중 어느 천당이든 조용히 오르려고 하고 있었다. 그런데 그는 마지막 순간에 갑자기 눈을 떴다. 아들에게 전 재산을 주어버렸던 일이 생각난 것이다.

"랍비님! 신부님! 목사님!"

그는 마지막 힘을 다해 말했다.

"나는 세 분께 드릴 3만 달러를 제외하고는 아들에게 재산을 전부 주어버렸습니다. 그런데 천당에 가서도 돈이 필요할지 모르겠습니다. 그러므로 내가 죽으면 여러분께서 각자 받으신 1만 달러 중에서 2천 달러씩만 관 속에 넣어 주시지 않겠습니까?"

물론 랍비도 신부도 목사도 1만 달러씩 받았기에 그중에서 2천 달러를 관 속에 넣어 주는 데 이의가 있을 리 없었다. 세 사람이 모두 "당신은 틀림없이 천국에 갑니다."라고 말하자 노인은 숨을 거두었다.

장례식을 치르는 날 맨 먼저 가톨릭 신부가 일어서서 관 속에 현금 2천 달러를 넣었다. 그 다음에 프로테스탄트 목사도 관이 있는 곳까지 가서 현금 2천 달러를 넣었다. 다음에 랍비가 관이 안치되어 있는 곳으로 나아갔다. 랍비는 천천히 안주머니에서 수표책을 꺼내어 6천 달러라고 적어 관 속에 넣은 다음, 관 속에 있는 현금 4천 달러를 거스름돈으로 집어냈다. 편역자 주 서양에서는 현금 대신에 개인 수표를 사용하는 경우가 많다. 자신의 개인 수표에 상대방에게 줄 금액을 적고 사인을 하면 상대방은 그 수표를 은행에 입금하고 현금으로 바꿀 수 있다. 그런데 유대인 랍비는 죽은 사람이 은행에 갈 수 없다는 것을 알고 자신이 내야 할 2천 달러까지 합해 6천 달러를 쓴 수표를 관 속에 넣고, 대신 천주교 신부와 개신교 목사가 낸 현금 4천 달러를 챙겼다는 얘기다. 유대인다운 발상이다.

유대의 조크에는 랍비와 가톨릭 신부, 프로테스탄트 목사 이렇게 세 사람이 등장하는 이야기가 많다. 또 한 가지 이야기를 들어보자.

랍비와 신부, 목사 세 사람이 교회와 회당(유대교의 예배소)에서 모금한 기부금을 어떻게 배분할 것인가를 놓고 의논하고 있었다. 기부금의 일부는 자선사업에 쓰고 일부는 신부와 목사, 랍비의 생활비로 쓰기로 했다.

신부가 말했다.

"나는 땅 위에 둥근 원을 그려놓고 모인 돈을 전부 공중을 향해 던집니다. 그리고 둥근 원 밖에 떨어진 돈은 자선사업에 돌리고, 원 안에 떨어진 돈은 생활비로 비축해 둡니다."

목사가 놀라면서 말했다.

"그렇습니까. 저도 역시 그렇게 하고 있습니다."

그리고 말을 이었다.

"다만 나는 땅 위에 선을 그어놓고 돈을 공중에 던져 왼쪽에 떨어진 돈은 자선사업에 사용하고, 오른쪽에 떨어진 돈은 나 자신을 위해서 쓰고 있습니다. 이것이 모두 하나님의 뜻이니까요."

목사가 말하자 가톨릭 신부는 머리를 크게 끄덕였다.

"그런데 당신은 어떻게 하고 계십니까?"

두 사람은 랍비에게 물었다.

"나도 여러분과 마찬가지로 모인 돈을 전부 하늘을 향해 던집니다. 그렇게 하면 하나님께서 필요하신 돈은 스스로 취하시고, 내게 주시는 돈은 전부 땅 위에 떨어질 테니까요."

이 일화로 알 수 있겠지만 유머는 의외성이 있어서 재미있다. 대영백과사전의 1974년판 유머의 항목에 다음과 같은 예가 나와 있다. 그것은 기독교의 조크이며, 프랑스의 성주(城主)와 가톨릭 신부에 대한 재치 있는 이야기다.

아직 신혼 초기인 성주가 아름다운 아내를 남겨 놓고 사냥을 나갔다. 사냥을 마치고 성으로 돌아와 침실에 들어가 보니 아내와 가톨릭 신부가 침대에 같이 누워 있는 것이 아닌가. 그러나 성주는 침착하게 침대 옆을 지나 발코니로 나가서 그 앞을 지나가고 있는 거리의 사람들을 향해 허공에 성호를 그리며 축복의 기도를 시작했다. 신부가 놀라면서 "백작님, 왜 이러십니까?" 하고 묻자, 성주는 축도의 동작을 계속하면서 이렇게 말했다.

"아닙니다. 당신이 내가 할 일을 하고 있기에 나는 당신이 할 일을 하는 것뿐입니다."

조크는 상식에서 벗어나기에 의외성이 있고 자유분방하다. 그래서 머리를 훈련하는 데 도움이 된다. 마치 꾸준히 운동을 하는 사람의 몸이 유연한 것과 비슷하다. 길을 걷고 있을 때 예기치 않은 방향에서 자동차가 달려 나온다. 또는 차를 몰고 가는데 뜻하지 않은 곳에서 갑자기 사람이 튀어나온다. 이러한 때를 위해서 평소 운동을 하여 근육을 유연하게 만들고 반사 신경을 단련해둔 사람은 재빨리 대응할 수 있다. 지적(知的) 활동을 통해 단련하는 조크의 효용도 이와 마찬가지다.

조크는 다른 사람에게 이야기를 통해 즐거움을 주는 효용만 있는 것이 아니다. 자신의 지성에 유연성을 부여하고 풍부하게 만드는 데에도 크게 도움이 된다. 조크는 지성이라고 하는 기계에 기름을 치는 것과 같다. 고지식이라는 밧줄로 지성의 유연성을 묶어서는 안 된다. 웃음은 자유를

준다.

여러 번 되풀이하지만, 인류의 역사를 통해 유대인만큼 박해를 받은 민족은 없다. 그래도 유대민족은 살아남았다. 그렇게 살아남기 위해서는 강인하고 늠름한 정신이 필요했다. 웃음이 유대인을 지켜 온 것이다. 유대인들이 결코 절망하지 않았던 것은 탈무드가 가르쳐주는 정의의 세계를 의심 없이 믿었기 때문만은 아니다. 그보다는 웃음이라고 하는 여유와 유연성을 가지고 있었기 때문이다.

웃음은 유대인들에게 대나무와 같은 유연성을 주었다. 꺾어질 듯하다가도 항상 힘차게 본래의 상태로 되돌아갈 수 있는 힘을 주었다. 유대인은 웃음으로 용기를 가질 수 있었다. 웃는 여유를 가진 사람은 좌절하는 일이 없다. 웃음은 용기를 주고, 또 용기에서 웃음이 생긴다.

탈무드에는 "울어도 웃어도 눈물이 나온다. 그러나 웃느라 눈물이 흘러 눈이 붉게 충혈되는 사람은 없다."고 하는 말이 있다. 웃음은 또 역경에 처해서도 자신감과 여유를 갖게 해준다.

오늘날의 인간 사회는 복잡한 기구를 유지하기 위해 많

은 규칙을 만들어 개인을 속박한다. 프로이트는 "문명은 억압이다."라는 유명한 말을 남겼다. 문명사회는 사람들의 행동을 억압하고 관리한다. 웃음이나 조크는 이러한 관리 사회로부터의 탈출을 가능하게 해준다. 말하자면 고도의 관리사회에 대한 프로테스탄트이며, 평소에 관리를 받고 있는 데 대한 즐거운 보복이다. 편역자 주 '프로테스탄트(protestant)'는 '개혁' 또는 '반항자'란 뜻이다. 주로 천주교에 반기를 든 개신교를 뜻하기도 한다.

웃음은 폭력과 달리 평화로운 활동이다. 웃음은 저항 또는 인간의 독립 선언이라고도 할 수 있다. 유대인들은 인생에 맑은 공기와 깨끗한 물과 푸르름 그리고 웃음이 필요하다고 생각한다.

또, 웃음은 자기 자신까지도 익살꾼으로 만든다. 이것은 웃음이 가지고 있는 중요한 기능이며 겸허함을 가르쳐준다. 오늘날 사람들은 마음껏 울고 웃고 외치는 본성을 잃어버리고 말았다. 그런데 유대인들은 무엇이든 웃음의 대상으로 삼는다. 적에 대한 일로도 웃고, 자신들의 일로도 웃는다. 그리고 하나님조차도 웃음의 대상이 된다. 예를 들어 다음

과 같은 이야기가 있다.

모세는 아들 아브라함이 기독교의 세례를 받겠다고 하자 정신이 아찔했다. 그래서 그는 일주일간 금식 기도를 시작했다. 회당에서 하나님의 도움을 구하며 온 정성을 쏟아 기도를 드렸더니 배가 고프고 어지러웠다. 그래도 더욱 힘을 내어 하늘에 통할 수 있도록 기도를 계속했다. 그러자 눈앞에 이상한 빛이 나타나기 시작하더니 장엄한 빛의 원 가운데에 인간의 힘으로는 도저히 표현할 수 없는 거룩한 것이 나타났다. 모세의 눈은 빛났다. 마침내 하나님께서 기도에 응답해주신 것이다.

"하나님이시여, 전능하신 하나님이시여, 축복하소서. 당신께서는 마침내 당신의 모습으로 나타내 보여주셨습니다. 하나님이시여, 저의 단 하나뿐인 자식 아브라함이 기독교의 세례를 받는다고 합니다. 구해주시기를 간절히 기도합니다."

그러자 어디에선가 엄숙하고도 장중한 소리가 들려왔다.
"나의 아들도 그러했느니라."

예수 그리스도는 기독교인이 된 최초의 유대인이었다.

편역자 주 기독교에서는 그리스도(예수님)가 하나님의 아들이라고 믿는다.

웃음에는 용서의 기능도 있다. 모든 일에 대해 웃을 수 있는 사람이 너그러운 사람이다. 사람은 냉혹함 속에서도 웃음을 잃어서는 안 된다. 우리 사회에는 고지식한 사람이 너무 많다. 아마 우리 사회가 다른 사람에게 영합하고 비위를 맞추어야만 생활할 수 있는 구조로 오랫동안 유지되어 왔기에 솔직하게 웃을 수 없게 된 듯하다. 그리고 또 웃음의 힘을 과소평가해 왔다. '소문만복래(笑門萬福來)'라고 하는 격언이 있는데도 불구하고 웃음에는 정통적(正統的)인 지위가 부여되지 않았다.

안식일의 힘

유대인이 지닌 힘의 원천 중 하나가 안식일이다. 안식일이야말로 유대인에게 활력을 주고 있다. 안식일은 노동과 안식, 즉 동전의 앞뒷면처럼 되어 있다. 흔히 어떻게 안식일을 보내는가를 보면 일에 대한 그 사람의 능력도 알 수 있다고 한다. 안식일은 단순히 쉬는 날도 아니고, 또 기분풀이를 하는 날이 되어서도 안 된다.

쉰다고 하는 것은 일을 하는 것과 마찬가지로 중요하다. 그런데 현대 사회에서는 쉬는 것이 일하는 것보다 훨씬 격이 떨어지는 것으로 인식된다. 특히 기독교인들은 근면주의를 강조하기에 쉰다는 것을 낮게 평가한다. 동양 사회에서는 오로지 회사 일에만 몰두하는 사람을 '열성적인 사원'이라고 하는데 그들은 쉬는 것을 잊고 산다. 물론 '열성적 사원' 가운데에는 골프에 열을 올려 싱글이 된다든가(골프가 업무에 크게 도움이 된다고 한다) 볼링이 유행하면 볼링에 몰두하는 사람도 있다. 확실히 신체의 활력을 증진시키기 위해 운동을 하거나 기분전환용으로 경마를 즐기는 것은 결코 나쁜 일이 아니다.

그러나 유대인에게 '쉰다'는 것은 그런 의미만은 아니다. 유대인은 '웃음의 민족'이라든가 '탈무드의 민족'이라든가 하는 여러 가지 별칭으로 불려 왔는데, '쉬는 민족'이기도 하다. 그러면 어떻게 쉬어야 할까?

매일이 휴일이라면 인간은 따분하고 무료해질 것이다. 반대로 날마다 일만 한다면 이 또한 따분한 인간이 되어버린다. 일에 파묻힐 때도 필요하지만 일을 제대로 처리하려면 오히려 일과 휴식 사이의 리듬이 필요하다.

우리의 일상생활에는 골칫거리가 많다. 마감을 앞둔 일이 잇따라 밀물처럼 밀려오고, 우리는 그 사이에서 줄타기를 하는 것 같은 인생을 살고 있다. 그러다 보면 설사 자신이 좋아하는 일이라도 어느 순간 무거운 짐이 된다. 일로부터 받는 압력은 일에 온 힘을 기울여본 사람이 아니면 알

▍유대인 가족이 안식일 식탁에서 성경을 토론하는 모습.

수 없다.

유대인들에게는 '사바스'라고 하는 안식일이 있다. 덕분에 일주일 중 하루는 완전히 쉬지 않으면 안 된다.

편집자 주 유대인의 안식일을 히브리 어로 '사바스(Sabbath)'라고 한다. 휴일을 영어로 holiday라고 하는데, 이는 holy+day, 즉 성스러운 날이라는 뜻에서 왔다. 따라서 holiday(휴일)는 원래 사바스라는 종교적 전통에 근거를 두고 있다.

유대인 쉐마교육을 받은 한국인 아버지가 한국식 주일 식탁에 앉기 전에 자녀들을 축복하는 모습.

캐나다 토론토의 김치남 목사 가정에서 온 가족이 한복을 차려입고 주일 식탁에서 성경을 토론하며 예배를 드리고 있다. 원리는 성경적이지만 적용 방식은 한복을 입고 한식을 먹는 한국 방식이다.

유대인은 이날만큼은 완전히 자기 시간을 가질 수 있다. '자기 시간을 갖는다'는 말은 누구나 쉽게 할 수 있다. 그러나 이 말은, 골프를 즐긴다든가 낚시를 간다든가 또는 집안 정리를 하는 것을 의미하는 것이 결코 아니다. 그렇게 보내는 것은 '자기 시간을 갖는' 휴일의 의미와는 거리가 멀다.

사바스에 유대인들은 일체의 일로부터 자신을 분리시킨다. 이날은 영혼을 쉬게 한다. 정통파 유대인들에게는 안식일에 일에 대한 이야기를 하거나, 일을 위해 글을 쓰거나, 책을 읽고 계산을 하는 일이 일체 금지되어 있다. 모처럼 장만한 전자계산기도 쓸 수 없다. 편역자 주 정통파 유대인은 유대인들 중 가장 보수 종교적 색채를 띠고 있는 종파의 사람들이다. 《현용수의 인성교육 노하우》(현용수, 동아일보, 2008) 제1권 제1부 제3장 '유대인은 누구인가' 참조. 이날은 자신과 마주 앉아 자신과 대화하고 자신의 내면을 응시한다. 그러기 위해서 유대의 고전(古典), 또는 유대인의 지혜를 이야기한 책을 읽고 자문자답을 되풀이한다.

사바스는 자신을 회복하는 날이다. 인간의 천성은 대단

히 낙관적이어서, 자신과의 대화를 계속해 나가면 자신에 대한 자신감(自信感)을 회복하게 된다. 그래서 사바스에는 건전한 자기중심의 좌표(座標)를 회복할 수 있다. 자신을 중심에 놓고 세계와 대치한다는 것은 인간으로서 아주 중요한 일이다. 이 점에 대해서는 뒤에 자세히 말하기로 하겠다.

일주일에 한 번 마음을 가라앉히고 자기 자신과 온화하게 마주 앉아 자문자답하는 날을 갖는 것이, 유대인이 성공을 거둔 비밀 중 하나라고 할 수 있을지도 모른다. 인간에게 자신만큼 중요한 자산도 없다. 그래서 반드시 자신을 생산하는 날을 가지고 있어야만 한다. 경우나 상황이 자신이라고 하는 자산을 개발해줄 수도 있으나 자신을 개발하는 것은 역시 자기 자신이다.

모든 일로부터 떠난다는 것은 그 기간 동안 일에 대한 욕망을 버린다는 것을 뜻한다. 종종 일시적으로 욕망을 버리는 것이 일에 대한 객관적인 눈을 뜨게 해준다. 그리고 여유를 갖게 된다.

일주일에 하루 있는 휴일은 유대인의 지적(知的) 활력, 또는 자신감의 원천이 된다. 이 점은 아무리 강조해도 부족

할 정도다. 이 사바스에 대해서 좀더 구체적으로 설명해보기로 하자.

    탈무드에서 일주일에 하루는 쉬도록 하나님께서 명령하셨다고 한 날이 사바스다. 일주일이 7일이고, 그중 하루를 쉬는 날로 하자고 생각해낸 사람들은 유대인이다. 사바스는 금요일의 해가 지는 때부터 시작하여 토요일 해가 지는 때에 끝난다. 사바스에는 앞에서 말한 것처럼 일을 하는 것이 일체 금지되어 있다.

    이날은 될 수 있는 한 여행도 피해야 한다. 사바스는 기본적으로 집에서 가족과 함께 지내야 하기 때문이다. 그러므로 유대인들은 금요일 오후에는 집에 돌아갈 수 있도록 여행 일정을 짠다. 또, 사바스에 여행 중인 유대인은 현지에 있는 회당에 간다. 이때 회당에 모인 사람들이 낯선 여행자를 자기 집의 사바스 식사에 초대하려고 서로 다투는 광경을 볼 수 있다.

    어쨌든 사바스에는 만찬을 들기 전에 온 가족이 목욕을 하고 가장 좋은 옷을 입는다. 흔히 사람들은 일을 끝낸 다

음 목욕을 하고 편히 쉰다. 서비스가 있는 유대인들에게는 이것은 아주 익숙한 일이다. 사바스에 유대인들이 해 지기 전에 하는 목욕은 곧 편히 쉬는 것을 의미한다.

목욕을 하고 나면 집 안 한곳에 모여서 가장이 아내와 자녀들을 축복한다. 그리고 몇 대를 이어 전승된 사바스를 찬양하는 의식이 치러진다. 촛불을 켜기도 하고, 탈무드의 한 구절을 읽기도 하고, 가족 전체가 노래를 합창하기도 한다.

사바스는 완전한 휴일이다. 탈무드에는 "휴일은 인간에게 주어진 것이며, 인간이 휴일을 마련한 것은 아니다."라는 말이 있다. 이날은 정신을 쉬게 하는 날이며, 어린이를 교육시키는 날이자, 나아가서는 자기 자신과 대화를 나누는 날이다. 금요일의 해가 질 때부터 토요일의 해가 질 때까지는 주부도 일체 요리를 만들지 않는다. 금요일 밤은 일주일 가운데에서 가장 훌륭한 식사를 하는데, 이것은 사바스가 시작되기 전에 미리 만들어 둔 요리를 데워서 내어놓는 것이다.

어쨌든 사바스에는 사업에 관한 편지를 읽거나 쓰거나

또는 계산하는 일을 해서는 안 되는 것은 물론, 일에 대한 생각을 하는 것조차도 금하고 있다. 이날은 배우는 일만 허용된다. 따라서 책을 읽어도 일에 관한 책을 읽어서는 안 된다. 일 이외의 역사, 철학, 종교, 과학 분야의 책을 읽는다. <편집자 주> 인생의 의미를 찾는 수직문화에 관한 책을 읽는다. 수직문화에 관해서는 《현용수의 인성교육 노하우》(현용수, 동아일보, 2008) 제2부 참조.

사바스에는 여행을 해서도 안 된다. 경건한 유대교인이라면 이날만큼은 교통수단을 이용해서는 안 되기 때문이다. 그러므로 회당에 갈 때에도 걸어서 간다. 또, 불을 때거나 켜는 일도 금하고 있다. 난로나 조명은 금요일 해가 지기 전부터 피워 놓거나 켜져 있다. 다른 민족이 보면 기묘한 습관처럼 보일지 모르나, 유대인들은 이날 담배나 파이프를 피우는 일도 하지 않는다. 하긴 금연 운동을 하는 사람들에게는 환영받을 일인지도 모른다.

전 세계에서 유대인이 가장 많이 살고 있는 곳은 미국이다. 미국의 유대인 가운데에서 이와 같은 사바스 전통을 엄격하게 지키는 사람은 10% 조금 넘을 것이다. 그들은 '정통파 유대인(Orthodox Jews)' 또는 '전통을 지키는 유대인'이라고 불린다. 대부분의 유대인들이 전통을 엄격하게 지키지는 않지만 어떤 유대인일지라도 사바스의 정신만은 지니고 있다.

자유를 누리는 다원적 인간

존 메이너드 케인스(John Maynard Keynes)는 1930년대 초에 쓴 《수상록(隨想錄)》 가운데에서 '누가 역사의 전위(前衛)냐' 하는 문제를 다루었다. 케인스는 케인스 학파를 세운 영국의 경제학자다. 1930년대 초기라면 전 세계가 대공황의 충격에서 아직 회복하지 못하고 있을 때였다. 물론 당시에 '전위'라고 하는 말은 공산주의자들이 정치적으로 자신들을 부를 때 썼다. **편역자 주** 전위는 공산주의 계급투쟁에서 노동자 계급의 선두에 서서 지도하는 집단이나 부대를 말한다. 레닌에 의해 마르크스주의 정당 조직의 원천이 되었다.

예술 분야에서는 제1차 세계대전 이후에 발생한 추상파(abstract) 예술이나 초현실주의(surrealism)를 중심으로 하여 입체파(cubism), 다다이즘(dadaism: 허무주의), 미래주의

(futurism) 등 일련의 운동을 '전위'라고 불렀다. '아방가르드'는 프랑스어로 '첨병(尖兵)'을 뜻하는데, 역사 발전의 선두에 서 있다든가 앞서서 미래에 발을 들여 놓고 있는 자라고 하는 뜻으로 쓰이고 있다.

케인스는 "오늘날에 와서는 공산주의자가 역사의 전위라고 말하고 있는데, 진정한 역사의 전위는 유럽 귀족들이다."라고 쓰고 있다. 그에 의하면 앞으로 인류에게 가장 심각한 문제는 마르크스가 19세기 중엽에 예언한 것처럼 프롤레타리아라고 불리는 근로자 계급이 궁핍해지는 것이 아니라, 과학 기술의 발전과 함께 생활수준이 향상하면서 여가가 많아지는 일이다. 그리고 케인스는 "이것은 대부분의 사람은 참아내기 어려운 일인데, 유럽 귀족이야말로 일하지 않고 여가를 즐기는 방법을 터득하고 있다."고 했다.

여기에는 오늘날에 와서도 통용되는 통찰력이 있다. 오늘날 동양에서도 주휴 2일제를 채택하는 기업이 많고, 서방 선진국에서는 일일교대 근무나 주휴 3일제가 화제에 오르고 있다. 그러나 현대인들은 이처럼 여가의 증가를 원하면서도 막상 여가가 늘어나자 그 시간을 어떻게 보내야 할지 모른다. 아놀드 토인비는 《미래를 살아가기 위해서》라고 하는 저서에서 이렇게 설파했다.

> 현대인은 여가를 마음속으로부터 두려워하고 있다. 여가는 자신과 대결할 것을 강요하기 때문이다. (중략) 그래서 사람들은 지적(知的)으로, 창조적으로, 무엇보다도 종교적으로 기울지 않을 수 없게 될 것이다.

인간이 자유롭게 되었을 때 오히려 인간성을 충분히 발휘할 수 없는 위기에 처한다는 것은 이상한 일이 아닐 수 없다. 초등학교부터 대학에 이르기까지 각급 교육 기관에서 여가를 보내는 방법에 대해 가르친 적이 없기 때문이다. 학교교육은 일하는 것만 강조해 왔다. 근면한 시민을 만드는 것이 학교의 주요 목적이었기 때문이다.

지금까지는 그렇게 해도 되었는지 모른다. 1850년대 미국 사람들은 일주일에 70시간의 노동을 했다. 세계는 가난했다. 그러던 것이 1900년대에는 주당 60시간으로 줄었다. 1940년대에는 44시간이 되었고, 1950년대에 들어서자 주휴 2일제인 40시간 노동으로 바뀌었다. 오늘날 미국인은 주당 평균 35시간에서 38시간 일을 한다. 21세기에는 노동 시간이 주당 20~24시간까지 줄어들 것이다. 그렇게 되면 반대로 자유 시간이 무서울 정도로 증가한다. '자신을 생산해야 하는' 문화의 시대가 시작되는 것이다. 그러나 대부분의 사람들은 자신을 생산하는 방법을 모르고 있다.

'레저(leisure)'라고 하는 영어의 어원은 라틴어의 'licere'이며 '허가증(라이선스)'을 뜻한다. 쉬기 위해서는 고용주의 허가가 필요했던 데에서 온 말이다. 군대에서의 외출 허가증과 같은 것이다. 즉 여가란 자신에게 갖추어져 있는 것이 아니라 외부에서 주어지는 것으로 인식되었다. 그래서 기분전환을 위해 여가를 이용하는 일이 많았다. 그러나 유대인의 경우 휴일에 적극적으로 쉬고 배우는 것을 의무로 여긴다.

과거 가난했던 시절에는 아무리 단조로운 일을 해도 그런 일을 함으로써 가족의 생계를 책임진다는 긍지가 있었다. 그러나 오늘날 어느 정도 생활수준을 유지하게 되면서 오히려 일에 대한 긍지를 잃어버렸다. 직장인들에게 삶의 보람이라는 문제가 대두된 것이다.

삶의 보람을 위해서라도 자신의 인생을 가져야만 한다. 그리고 과거에는 일과 가정 사이에서만 조화를 이루면 되었지만, 오늘날에는 일과 가정과 삶의 보람, 이 세 가지 사이에 조화를 이루어야 한다. 삶의 보람은 취미라 해도 좋고, 자기표현이라고 불러도 좋다. 요컨대 개성의 형성이다.

빛나는 개성을 가진다는 것은 자기 자신의 인생을 풍요롭게 하기 위해서 또는 일하는 곳에서 크게 뻗어 나가기 위해서도 모두 바람직한 일이다. 자유는 무한한 가능성이 있다는 의미에서 다원적이다. 이제 일원적(一元的) 시대는 끝나고 다원적 시대다. 따라서 일을 하는 곳에서도 또는 자유로운 시간을 보내는 곳에서도 다양화된 환경에 적응하기 위해 다원적인 가능성을 가진 사람이 되어야만 한다.

휴일은 소생의 기회

탈무드에는 "인간은 자주 손을 쉬게 함으로써 오히려 큰 것을 만들어낸다."고 하는 가르침이 있다. 이것은 유대인들이 제대로 쉴 줄 안다는 것을 설명한다.

또, 화가가 그림을 그릴 때 "자주 그림에서 떨어져서 화면을 바라보아야 한다."는 가르침도 있다. 이것은 조각가나 다른 예술가는 물론 직장인들에게도 적용되는 말이다. 예를 들어, 화가가 화면에서 전혀 눈을 떼지 않고 화필을 들어 그림을 그린다면 좋은 그림을 그릴 수가 없다. 때때로 쉬면서 멀리에서 화면을 바라다볼 필요가 있다. 이를 통해 여유와 유연성이 생긴다. "나무만 보고 숲은 보지 못한다."고 하는 격언이 있는데, 완전히 일에 몰두하는 것만이 비즈니스맨의 성공 비결은 아니다.

휴일은 자기 소생의 시간이다. 자신을 낭비하는 시간이 아니다. 하긴 이따금 자신을 낭비하는 것도 좋다. 그러나 휴일은 자신을 파악하기 위해 있다. 특히 집단으로부터 개별화의 시대로 접어들면서 자신으로부터 새로운 것을 끌어내는 창조적인 휴일은 반드시 필요하다.

휴일을 유익하게 보내는 것은 효과적으로 일을 하는 것만큼이나 어렵다. 일에서 벗어나는 시간을 여가라고 하는데, 여가는 결코 남은 시간을 말하는 것이 아니다. 휴일이야말로 자신만의 시간을 갖는 여가다.

'열성적 사원'은 휴일이 되면 얼빠진 인간이 된다. 그리고 그 공허함을 메우기 위해 업무를 할 때처럼 앞뒤 생각 없이 놀거나, 휴일을 지내는 방법을 몰라서 당황하다가 시간을 낭비한다.

사바스(Sabbath)는 영어에 '사바티컬(Sabbatical)'이라는 말을 남겨 놓았다. 사바티컬을 영어사전에서 찾아보면, 'Sabbatical year 안식년(이스라엘인이 7년마다 밭갈이를 쉬는 해)', '휴가 연도(7년마다 대학 교수에게 주는 1년 또는 반년의 휴가. Sabbatical leave라고도 한다)'라고 되어 있다.

대학에 따라 다르지만 미국의 대학 교수들은 5년이나 7년에 한 번씩 1년의 유급 휴가를 갖는다. 충전(充電)을 하고 창조력을 되찾는 기간을 갖기 위해서다. 대학뿐만 아니라 기업에서도 이와 같은 제도를 채택하고 있다. 물론 기업에도 도움이 된다. 이것은 어찌 보면 '대학무용론(大學無用論)'과 상통한다. '대학무용론'이라고 하면 너무 지나친 표현일지도 모른다. 그러나 오늘날의 대학은 과거 대학(20~30년 전까지의 대학)과 같은 권위와 효용을 갖지 못하고 있다. 19세기에 성립된 고전적 대학 모델이 오늘날의 요청에 부응하지 못하는 데 이유가 있다.

미술의 흐름을 보자. 구소련의 흐루시초프가 권력을 잡고 있을 때, 어느 유명한 추상화가의 그림을 보고 "당나귀 꼬리로 그린 그림"이라며 경멸한 일이 있다. 구소련은 추상예술이 금지되어 있었고 모든 일에 고지식해야 하는 사회였다. 추상예술에 손을 대는 예술가는 국립예술원인 아카데미의 멤버가 될 수 없었다.

미술은 그리스 시대로부터 르네상스에 이르기까지 지극히 사실적이었다. 감상하는 사람도 대상이 되는 사물도 정지해 있었다. 인간의 눈으로 침착하게 응시할 수가 있었던 것이다. 그리고 산업혁명이 일어나고 증기기관차가 열차를 끌고 다니게 되자 인상파라든가 야수파가 등장했다. 그 후 교통기관의 속도가 더욱 빨라짐에 따라 회화도 추상적인 것이 되었다.

이 주장에 따르면 회화의 변화는, 교통수단이라는 창을 통해 바깥을 보았을 때 인간의 눈에 잡히는 풍경과 결부된다고 한다. 제트기 시대에는 바깥 풍경이 모두 획획 지나가 버려서 회화는 완전히 추상적인 것이 된다.

여기에는 또 한 가지의 교훈이 있다. 변화의 속도가 빨라진 것이다. 옥스퍼드, 케임브리지, 예일과 같은 명문 대학들이 설립되고 고전적 대학 교육이 확립된 19세기에는 세상도 천천히 변했다. 젊어서 4년 동안 일괄적인 교육을 받으면 그때 얻은 지식이 평생을 통해 쓸모가 있었다. 그러나 오늘날에는 그렇다고 말할 수 없다. 가장 쉽게 의사의 경우를 예로 들어보자. 의학은 해마다 크게 발전한다. 대학에서 받은 의학 교육이 평생 통용될 리 없다. 발전의 속도를 따라가려면 의사는 평생 계속 배워야 한다. 그만큼 대학

교육의 비중이 낮아졌다.

대신 평생교육, 즉 라이프스타일 에듀케이션, 또는 퍼머넌트 에듀케이션이라고 하는 개념이 생겼다. 비즈니스맨이나 관리들도 때때로 학교로 되돌아가거나 심포지엄, 세미나에 참가하여 교육을 받지 않으면 안 된다. 이런 시대이니 더욱 '사바티컬'의 의미가 크다.

미국에서 가장 효과적으로 생애교육을 실시하고 있는 곳이 군대다. 대학에 가면 흔히 중견 장교가 휴가를 받아—이것은 자신이 맡은 일의 일부이지만—학교에 다니는 것을 볼 수 있다. 대기업에서도 이와 같은 제도를 채택하는 데가 많다. 이런 교육을 '후 실무교육(後 實務敎育: post experience education)'이라고 한다. 실무를 하면서 정기적으로 학교로 되돌아가기 때문이다.

미국에서는 4년 내내 또는 대학원까지 포함하여 6~7년 내내 일관해서 학교를 다니지 않는 사람의 비율이 점차 늘어나고 있다. 학생들은 자주 학업을 중단하고 취직을 한다.

그리고 대학은 성인교육 또는 생애교육을 실시하는 곳으로서 일반 시민들에게 개방되고 있다. 그만큼 대학의 성인 수강생 수가 급속히 늘고 있다. 이 때문에 많은 대학들이 야간반을 설치하고 있다. 예전에는 성인교육이라고 하면 생활이 어려워 대학에 진학하지 못했던 사람이 나중에 자격을 얻기 위해 다니거나 예전에 받은 교육을 보완하기 위해서 다닌다고 생각했지만 오늘날에는 반드시 그렇지는 않다. 명문 대학을 나와도 대학에서 받은 교육의 유효 기간이 줄어들고 있기에 항상 새로운 지식을 받아들이지 않으면 시대의 흐름에 뒤떨어진다.

그리고 독학(獨學, 셀프 에듀케이션)도 새로운 의미를 갖게

되었다. 독학 역시 예전에는 가난해서 정규교육을 받지 못한 사람이 등잔불 아래에서 책을 읽으며 공부한다는 식의 이미지가 있었다. 그러나 오늘날에는 그 의미가 완전히 바뀌었다. 각자 자기 힘으로 시대의 흐름을 따라잡지 않으면 안 되기에 독학 연수의 비중이 높아졌다.

장기 휴가를 장려하는 기업도 많다. 예를 들어, 어느 회사는 사원 중에서 선발된 사람에게 3개월의 휴가를 주고 스스로 테마를 정해 업무 능력을 높일 수 있는 보고서를 제출하게 한다. 그 휴가 기간에는 회사에도 오지 말라, 전화

도 걸지 말라, 동료와도 만나지 말라고 하여 보고서를 작성하는 것 외에는 완전히 자유로운 시간을 보장한다.

하긴 이런 방침을 '장·노년층을 쫓아내는 작전의 일환'이라고 보는 이도 있다. 그러나 휴일의 가치가 인정받는 것은 '샐러리맨 혁명'이 진척되고 있음을 보여준다. '열성적 사원'과 같이 샐러리맨이 회사 운영을 위한 부품이었던 시대에는 휴일의 효용은 생각할 수도 없었다. 기껏해야 방 안에서 뒹굴면서 육체적인 피로를 회복시키고 호연지기(浩然之氣)를 기르면 되었다.

그러나 독립 개체(個體)의 시대가 오면 이야기가 좀 다르다. 회사를 그만두어도 통용될 수 있는 인간을 원하는 시대에는 개개인의 충전이 중요해진다. 휴식의 가치가 높아진 것이다. 그래서 어떻게 쉬느냐가 어떻게 일하느냐만큼 중요해졌다. 휴일은 자신의 시간이다. 휴일을 잘 경영할 수 없는 사람은 개성이 없는 것이다.

지금까지 탈무드와 유대인의 연관성에 대해 대략적인 설명을 했다. 차별, 학살 등 유례없는 박해 속에서도 유대인들은 끝끝내 살아남았다. 오히려 그 굴욕의 역사를 성공

의 발판으로 삼았다. 나는 이 놀라운 비밀을 푸는 열쇠는 두 가지가 있다고 생각하고 싶다. 성경과 탈무드다. 성경이 유대인들에게 마음의 지주라면, 탈무드야말로 유대인들의 지적(知的) 기반이다. 탈무드는 유대인들에게 활력의 원천인 것이다.

상세한 설명은 뒤로 미루기로 하고, 어쨌든 유대인에게 탈무드가 없다면 물이 없는 물고기나 날개 잃은 새처럼 지적인 활력을 잃어버리게 된다는 사실은 부정할 수 없다.

제2장

탈무드의 발상법
Talmud

- 끊임없이 배우고 질문하고 창조하라 -

질문과 호기심의 인간

탈무드는 유대인의 정신이며 두뇌다. 유대인은 여기에서 통찰력, 인생의 법칙, 새로운 의문을 끌어낸다. 유대인들은 탈무드적 존재라는 말을 들어 왔다. 바꾸어 말하면 탈무드적인 인간이었기에 유대인들은 살아남았고 성공을 거둘 수 있었다.

영어로 'talmudic person'이라고 하면 대부분의 사람들은 '방대한 지식을 가진 사람'을 가리킨다고 생각한다. 그러나 그런 뜻만을 나타내는 말은 아니다. 기독교인들은 탈무드라고 하면 방대한 지식이 담겨 있는 백과사전 정도로밖에 생각하지 않는다. 극히 일부 학자들을 제외하고는 읽는 사람조차 별로 없다. 그러나 그 정도의 것만은 아니다.

물론 유대인은 성경(구약 성경)의 백성이다. 성경이 유대인과 유대 문화의 기초라면, 탈무드는 중앙에 세워진 굵은 대들보라고 할 수 있다. 뭐라 해도 탈무드는 유대 문화에서 가장 중요한 책이다. 그리고 탈무드는 유대인들에게 있어 창조력의 중추(中樞)다. 탈무드라고 하는 책이 살아 있는 한 유대인은 멸망하지 않고 발전을 계속해갈 것이다.

그렇다면 유대인들의 발상의 비밀은 어디에 있는 것일까? 탈무드는 큰 숲에 비유할 수 있다. 이 숲에는 갖가지 나무가 있으며 여러 가지 수많은 생물이 살고 있다. 탈무드를 한마디로 표현하는 것은 지극히 어려운 일이지만 이 큰 숲과 같이 탈무드 안에는 율법, 문답, 경구(警句), 우화, 논쟁, 공상, 웃음 등 갖가지 요소가 서로 얽히고설켜 있다.

탈무드는 유대인의 교육적 성과를 집대성한 역사의 책, 기록의 책이기도 하다. 5천 년 동안 수십만에 이르는 유대의 현인(賢人)들이 진지하게 펼친 논쟁이 여기에 기록되어 있어서 마치 역사상 존재한 수많은 학문연구소의 강의가 담겨 있는 것과 마찬가지다.

그 가운데에는 '우주 전함 야마토(일본의 SF 애니메이션)'와 같이 '하늘을 나는 요새'라든가 바다 밑을 '물고기처럼 헤엄을 칠 수 있는 배'의 이야기도 나온다. 이것을 보면 고대 랍비들은 상상력도 풍부했던 모양이다.

탈무드 내용은 대부분 논쟁으로 이루어져 있어 유대인의 지적 활동을 잘 나타낸다. 또, 탈무드에는 수십만 명의 현인이 등장하는데 이들의 말을 기록할 때에는 '아파이아는 말한다', 또는 '랍비는 말한다'는 식으로 항상 현재형을 사용하는 것이 특징이다. 후세 사람들이 항상 현재의 이야기로 받아들일 수 있도록 고려한 것이다. 유대인의 큰 특징은 과거를 과거로 묻어버리지 않는다는 것이다. 유대인에게 과거는 현재와 같이 생생하게 존재하는 현재진행형이다.

탈무드란 '깊이 배운다'는 뜻이다. 그렇다고 탈무드가 단지 '옛날 책'인 것은 아니다. 지금 읽어도 생활에 도움이 되고 필요한 것들이다. 박해에서 벗어난 유대인들이 놀라운 성공을 거둔 사실도 탈무드가 지닌 현대적 지혜의 가치를 증명하는 것이다. 뿐만 아니라 유대인들이 오랫동안 나라 없이 떠돌면서 박해와 고난을 받으면서도 오늘날까지 전통과 활력을 잃지 않은 이유도 탈무드에 숨겨져 있다.

또, 탈무드를 읽는 사람이 깊이 감명을 받는 것은 모든 내

용이 질문으로 되어 있다는 점 때문이다. 탈무드는 해답인 동시에 질문이다. 한 가지 질문에 대한 답이 나오면 또 새로운 질문이 제기된다. 이것은 인간이 끊임없이 질문을 해 나가야 한층 더 차원 높은 인간이 될 수 있음을 보여준다.

"모르는 일에 대해서 질문을 하지 않는 것은 공허한 교만 이외에 아무것도 아니다."(탈무드). 이와 같은 말처럼 질문을 하지 않는 사람은 경멸을 당하며, 아는 척하는 것을 탈무드에서는 제일 싫어한다. 아무리 하찮아도 의문이 생기면 물어야 하며, 그 답을 알고 있는 사람은 질문에 대답할 의무가 있다.

탈무드를 흔히 유대인의 성전(聖典)이라고 한다. 다른 문화권의 성전은 어느 것이나 위엄으로 과장되어 있고 권위주의적으로 쓰여 있다. 그래서 다른 민족의 성전에서는 하찮은 질문은 허용되지 않는다.

"질문을 하는 것은 배우는 일의 첫걸음이다."라는 탈무드의 말처럼 학문은 배우는 일이 다는 아니다. 배운다고 하는 것은 수동적인 것이며, 질문을 하는 것은 적극적으로 배우려는 자세를 갖는 것이다. 호기심이 없는 사람은 성공하지 못한다. 호기심은 더욱 발전하기 위한 열쇠다. 지적인 호기심을 잃었을 때 그 사람은 타인의 관리를 받는 존재가 되고 만다.

그 점은 탈무드에도 되풀이해서 기술되어 있다. 곧 탈무드를 읽을 때의 태도 자체가 호기심에 차 있어야 한다는 것이다.

"책은 읽는 것이 아니라 배우는 것이다."(탈무드)라고 쓰여 있는 것처럼, 탈무드는 독자에게 대등한 위치에 서달라고 요구한다. 그러므로 탈무드를 읽고 단지 배우기만 하는 사람은 올바른 독자라고 할 수 없다. 진실과 지혜를 닦고 파헤치며 의문을 제기해야만 하기 때문이다.

'배운다'고 하면 일방적으로 받는 위치가 되지만, '닦다', '파헤친다'고 하면 어디까지나 독자가 주인공이다. '탈무드적'이라고 하는 개념은 암기와는 전혀 관계가 없다.

또 다른 특징을 들면, 탈무드는 성전(聖典)이라고 불리면서도 많은 모순을 안고 있는 책이라는 점이다. 이 방대한 양의 글 가운데에는 상반되고 모순된 답도 나온다. 그러나 유대인들은 그것으로 좋다고 생각한다. 그것이 '탈무드적'

이다. 그리고 탈무드에 등장하는 현인들은 항상 의문을 갖고 답을 찾는, 의심 많은 사람들이다.

물론 고대 유대인들은 현대 유대인들보다도 훨씬 더 신앙심이 두터웠다. 유대인의 신앙심은 성경을 기초로 한다. 그러나 이처럼 의심 많은 사람들이야말로 오히려 종교적이라고 유대인들은 생각했다.

탈무드에 다음과 같은 이야기가 실려 있다.

어느 날 젊고 우수한 학생이 랍비를 찾아왔다. 그리고 지난 6년 동안 얼마나 열심히 탈무드를 공부했는가를 랍비에게 설명하고 자신을 시험해달라고 말했다. 그래서 랍비는 탈무드의 책장을 넘기다가 어떤 페이지에 실려 있는 말에 대해서 물었다. 거기에는 아주 어려운 논쟁이 실려 있었다. 그 학생은 논쟁에 대해 정확하게 설명했다. 하지만 랍비는 "자네는 아직도 틀렸네."라고 말한다.

그리고 다시 책장을 넘겨서 학생에게 그 페이지에 쓰여 있는 것에 대해 질문했다. 거기에는 더욱 어려운 문제에 대한 논쟁이 실려 있었다. 학생은 거침없이 무엇이 쓰여 있고, 어떤 것이 문제점이 되고, 어떤 의문이 제기되었으며, 어떤 대답이 나왔는가를 말했다. 그런데도 고명하신 랍비는 "자네는 여전히 틀렸네."라고 했다.

그러고는 "책을 많이 읽어도 단지 읽었다는 것만으로는 나귀가 많은 책을 등에 지고 있는 것과 다를 바가 없다네. 나귀가 아무리 많은 책을 등에 지고 있어 봤댔자 나귀 자신에게는 아무런 쓸모가 없지 않은가. 인간은 책의 가르침을 받는 것이 아니라 책을 통해 질문을 얻는 것이라네."라고 말했다.

배움의 정신

탈무드가 현대적인 책이라고 해서 별로 놀랄 것은 없다. 우리는 지금도 탈무드를 통해 여러 가지 가르침을 받고 있으니까. 먼저 우리가 탈무드를 통해 얻는 것은 무엇이든 잘 배워야 한다는 것이다. 그리고 배우기 위해서는 시간을 소비해야 된다. 유대인은 오래전부터 배우는 것을 의무라고 생각해 왔다. 실제로 이것은 의무 중에서도 가장 신성한 의무다. 유대교에서는 배우는 일과 기도하는 일은 같은 것이다. 배우는 것이 곧 하나님을 찬양하는 일이다. 유대인이 '배우는 민족'이라는 말을 듣는 것도 이 때문이다. **편역자 주** 여기에서 배움이란 일반 학교에서 영어, 수학, 과학 등 세상학문을 배우는 것이 아니라 여호와 하나님을 아는 지식, 즉 성경과 탈무드를 배운다는 뜻이다.

유대인들은 무엇보다 교육이 중요하다고 생각해 왔다. 따라서 다른 민족과 같이 단지 하나님의 이름을 찬양하고, 하나님을 두려워하며, 하나님 앞에 무릎을 꿇는 것만이 기도의 전부는 아니다.

히브리 어에서 '기도하다'를 '히트 파레루'라고 한다. 히트 파레루는 '자신이 가치를 잰다'고 하는 뜻이다. 곧 유대인은 하나님께 맹종하는 것이 아니라 하나님께서 하시는 위대한 일을 이해하는 것이 인간의 의무이며, 그러고 난 뒤에 하나님의 의지에 합당하도록 노력해야 한다고 생각했다.

역사를 보면 유대인 남자는 모두 글자를 해독할 수 있었다. 탈무드를 읽는 것이 의무였기 때문이다. 유대인은 오늘날에도 만 13세의 생일 다음 날 '바미쯔바'라고 하는 성년식(成年式)을 유대인 회당에서 거행한다. 성년식을 치른 유대인은 이날부터 유대인 사회에서 한 사람의 성인으로 대접을 받는다.

'바미쯔바'는 히브리 어에서 '하나님의 가르침의 아들'이라는 뜻이다. 성인이 되면 회당에서 요구하는 성경의 한 구절을 읽을 수 있는 능력이 있어야 하는데, 이것은 '바미

쯔바'를 맞을 때까지 유대인 남자는 누구나 다 성경을 읽을 수 있어야만 하는 것을 의미한다. 그리고 탈무드는, 성경을 해석한 책이기도 했으므로 탈무드를 배우는 것은 하나님의 위대한 힘을 이해하는 일이기도 했다. `편역자 주` 성년식에 대한 더 자세한 내용은 《잃어버린 지상명령 쉐마》(현용수, 2006, 쉐마), 제2권 제4부 제2장 '쉐마와 유대인의 성년식' 참조.

근대에 와서 성립된 유대인의 배움의 정신은 이와 같은 전통 위에 구축된 것으로, 잘 배운다고 하는 것은 유대인에게는 하나의 관습이 되었다. 유대인 어머니도 자녀가 어렸을 때부터 교육에 대단히 열심이다. 물론 어머니만의 이야기는 아니다. 유대인 가정에서는 본래 아버지가 지도적인 교육자의 역할을 한다. 이러한 환경 덕분인지 미국 고등학생 대상 지능지수 조사에서 유대인이 다른 민족보다 11.8%나 높은 결과가 나오기도 했다. 또, 미국 대학원생의 29%가 유대인이다. 미국에서 유대인 인구 비가 3.2%밖에 되지 않는다는 점을 감안하면 대단히 높은 수치다.

유대인은 전통적으로 학자를 제일 높게 인정했다. 군인이나 정치가 또는 위대한 상인이라 할지라도 유대인 사회에서는 사회적 지위가 학자보다 아래였다. 널리 알려진 이야기로 예루살렘이 로마군에 포위당해 함락 직전일 때, 유대인들은 항복하고 성을 내주는 대신 학교만은 존속시켜달라고 요청했다. 그 결과 예루살렘에 단 하나의 학교가 남게 되었다.

세계에서 가장 오래된 문학서라고 할 수 있는 성경도 유대인이 썼다. 유대교는 일신교(一神敎)의 원조라 할 수 있다. 유대교에서 파생되어 기독교와 이슬람교가 발생했다. 동양의 불교를 제외하면 세계 4대 종교 중 세 종교는 유대인이 만들어낸 것이다.

기독교는 대부분 유대인이 디자인한 종교다. 일단 예수는 유대인이다. 그리고 열두 제자 모두 유대인이었으며, 초대 로마 교황도 유대인이었다. 신약 성경만 보더라도 누가복음 이외에는 전부 유대인이 쓴 것이다. 그리스도는 1세기 유대사회에서 살았던 유대인이었다. 따라서 그리스도의 가르침은 유대의 전통에 깊이 뿌리를 박고 있다. 그러나 유대인은 신약 성경을 인정하지 않으며 그리스도를 하나님의 아들이라고 생각하지 않는다.

이슬람교는 마호메트가 창시한 종교다. 마호메트는 그리스도처럼 자신이 구세주라고 말하지 않고 예언자의 한 사람이라고 했다. 이슬람교도 성경을 토대로 한다. 그래서 최초의 유대인이라고 하는 아브라함은 물론 이삭, 야곱, 모세, 그리스도까지도 마호메트보다 앞선 위대한 선지자라고 말한다. 또, 유대인과 마찬가지로 금요일이 기도의 날로 되어 있다.

다시 말하지만 기독교나 이슬람교는 유대교에 접목한 종교다. 현대인들이 사용하고 있는 달력은 유대문화의 영향을 많이 받았다. 예를 들어, 일주일을 7일로 한 것도 유대인이다. 유대인 사내아이는 생후 7일째에 할례(割禮)를 받기 때문이다. 이날은 축복해야 하는 날이었다. 종교에 관한 책이 아니므로 종교 이야기는 이 정도로 하기로 하자.

끝없는 발전에 대한 믿음

앞에서도 말했지만 탈무드는 왜 끝이 없는 책이 되었을까? 세계의 모든 책 가운데에서 끝이 없는 책은 탈무드가 유일무이할 것이다. 탈무드는 오늘날에도 새로운 판이 잇따라 인쇄되어 출간되고 있다. 그러나 마지막 한 페이지를 백지로 남겨 두는 것은 1천500년 전 최초의 탈무드가 완성된 이래의 결정 사항이다. 이것은 그 페이지에 새로운 가필(加筆)이 약속되어 있음을 상징한다. 이는 세계가 이미 완성된 것이 아니라 계속 발전하고 있다는 유대인들의 믿음을 보여준다.

그래서 유대인 중에는 개혁주의자가 많다. 마르크스가 그러했고 프로이트도 그랬다. 아인슈타인도 과학 분야에서 대대적인 개혁을 성취했다. 또, 유대인 중에는 사회주의자

▎세상을 발전시키는 데 공헌한 유대인 과학자 아인슈타인(왼쪽)과 유대인 심리학자 프로이트(오른쪽).

가 많다. 트로츠키도 유대인이었다. 그래서 파시즘이 대두되었던 1930년대 유대인은 공산주의와 강하게 결부되어 있다고 해서 박해의 대상이 되기도 했다.

유대인이 늘 개혁을 요구하는 이유 중 하나는 오랫동안 유대인 거주 지역에 갇혀 살며 자유를 박탈당하고 차별 대우를 받은 경험이 있기 때문이다. 19세기에 접어들어 해방되기까지 유대인들은 언제나 보다 좋은 세계를 쟁취해야 한다고 생각했다. 그러나 개혁을 요구하는 진정한 이유는 역시 성경에서 찾지 않을 수 없다. 성경의 창세기 가운데에서 하나님께서는 최초의 인간인 아담을 창조하신 뒤에 이렇게 말씀하셨다.

> 하나님이 그들에게 복을 주시며 그들에게 이르시되, "생육하고 번성하여 땅에 충만하라. 땅을 정복하라. 바다의 고기와 공중의 새와 땅에 움직이는 모든 생물을 다스리라" 하시니라. (창 1:28)

하나님께서는 손수 만드신 세계를 인간에게 맡기고 보다 좋은 세계를 만들도록 명령하셨다. 그러므로 우리에게는 세계를 발전시키지 않으면 안 될 의무가 있으며 발전을 믿어야 한다. 여기에서 또한 세계를 발전시키려면 자신을 발전시켜야 한다는 유대인의 신앙이 생긴 것이다.

이러한 관점에서 유대의 역사와 동양의 역사를 비교해 보면 유대에는 동양의 봉건 시대와 같이 오래 정체한 또는 고정된 시대라는 것이 없었다. 물론 봉건 시대에도 근대를 향해 사회는 변화하고 있었다. 그러나 원칙적으로 체제는 동결되고 변치 않는 것이라고 생각했다. 유럽에도 그러한 시대가 있었다.

그러나 유대인은 언젠가 인류는 하나님에 의한 최후의 심판의 날을 맞이하고, 지상에 천국이 실현된다고 생각했다. 이것은 말할 것도 없이 유대교에서 비롯된 신앙이다. 원시인들이 세계는 늘 같은 상태에 있다고 생각한 것이나, 불교도가 세계는 하나의 바퀴처럼 윤회(輪廻)하며 재생(再生)을 되풀이한다고 생각하는 것과는 다르다.

유대인은 세계가 처음부터 끝까지 일직선으로 이어져 있다고 보았다. 물론 이것은 종교상의 가르침이다. 그러나 그런 가르침이 오랫동안 이어져 오면서 유대인 한 사람 한 사람의 기본적인 인생관이 되었다. 개인도 태어나서 생애를 끝마칠 때까지 끊임없이 발전하는 직선 위를 걸어가고 있다고 본다. 그러므로 사람은 자신이 놓여 있는 위치에 만족하지 말고 나날이 향상되어야만 하는 것이다.

유대교에는 불교의 '득도(得道)'와 같은 개념이 없다. 여기에도 공부할 때에는 단순히 배우는 것이 아니라 스스로

궁리하여 새로운 것을 얻어야 한다는 유대인의 사고방식이 담겨 있다. 단지 배우고만 있으면 주저앉아 있는 것과 마찬가지다. 따라서 공부를 해도 단지 근면하게 배우기만 하는 것이 아니라 자신이 무엇인가 새로운 것을 얻어야만 한다. 그러기 위해서는 자기 나름대로 질문을 던지고 답을 얻어야 한다. 만약 상대편이 회답을 하지 않을 때에는 자기 스스로 생각해내야 한다.

그렇다고 해서 물론 배우는 것을 경시하는 것은 아니다. 위대한 사람 앞에 앉아 겸허하게 배우는 일의 중요성은 탈무드 안에서도 되풀이해 강조된다. 탈무드에 자주 등장하는 현인의 한 사람인 피에르는 "무지한 자일수록 자만심이 높다.", "배우려는 학생은 교만해서는 안 된다."라고 훈계한다. 피에르는 2천여 년 전 바빌로니아에서 태어나 스무 살이 되었을 무렵 예루살렘에 와서 훌륭한 랍비에게 학문을 배운 뒤 교사가 되었다. 그는 "교만한 자는 질문을 하지 못한다."는 말을 남겼다.

열성적 인간과 여유 있는 인간

　　　　　　탈무드적 인재가 크게 비약하는 시대
가 온다. 사회는 급변하고 있다. 아무리 주위를 보아도 무
슨 일을 해야 할지 모를 만큼 빨리 시대는 변하고 있다. 그
만큼 확고한 투시안(透視眼)이 필요하다. 지금까지와 같은
일을 반복하는 것은 허용되지 않는다. 지금까지 걸어온 길
을 다시 갈 수는 없지 않은가.

그렇다고 해서 전쟁이나 빈곤에 허덕이는 위기의 시대가
기다리고 있는 것은 아니다. 앞으로도 평화는 계속될 것이
고, 과학 기술의 힘에 의해 사회는 더욱 풍요로워질 것이
다. 그리고 위기는 사회적인 것에서 개인적인 것으로 옮겨
간다. 이것이 21세기의 큰 특징이 될 것이다.

풍요롭고 평화로운 시대에는, 더구나 오늘날처럼 급속히

풍요가 확대되면 사람들의 욕망은 다양해진다. 그에 부응하여 선택의 여지가 많고 가능성이 많은 시대가 된다. 인류는 처음으로 진정한 다양화의 시대를 맞이하고 있다.

그러나 이것은 일하는 사람에게는 가혹한 시대다. 다양한 사회에 부응하기 위해 스스로 다양해지지 않으면 안 되기 때문이다. 그래서 수많은 질문을 시도해야 하고 질문하는 습관을 가져야 한다. 이미 사회에 권위라고 하는 것은 없다. 축적된 지식을 가지고 유연하고 기지에 찬, 끈기 있고 강인한 인간이 성공하는 시대가 온 것이다.

동양에서도 이러한 변화의 징후가 곳곳에서 나타난다. 특히 광고는 민감하다. '셔츠는 남성의 얼굴'이라든가 '개성을 살릴 수 있는 자유 설계' 등의 광고는 개성적인 인간이 요구되고 있음을 보여준다. 샐러리맨 취향의 잡지를 읽어보아도 현대 사회에 밀어닥치는 변화의 움직임이 포착된다. 어떤 잡지의 표지에 실린 기획기사의 제목이 "샐러리맨이 어떻게 삶의 보람을 파악할 것인가?"였다. 과거에는 회사를 벗어나 개인이 취미 활동에서 삶의 보람을 찾는 것, 예를 들어 직접 요트를 조립하거나 소형 비행기 운항 자격

중을 취득하거나, 고대 역사에 관심을 갖고 관련 책을 모으는 등의 일에 대해 부정적인 시각이 많았다. 개인 취미에 몰두하는 샐러리맨이라고 하면 어쩐지 집단생활에서 낙오된 사람처럼 보였기 때문이다. 즉 회사에서는 성공할 수 없는 사람이 그 대체 행위로 취미라는 제2의 인생을 좇고 있다고 해석했던 것이다. 샐러리맨은 직장생활에만 충실해야 하며 절대로 양다리를 걸쳐서는 안 된다는 원칙이 통용되었다.

그러나 현대 사회에서는 그렇지 않다. 자신만의 시간을 가져야만 개성과 독창성이 생기고 그런 사원이야말로 회사에 공헌할 수 있는 사람이라고 생각하게 되었다. 드디어 자신의 일에 정열을 쏟는 인간이 평가받는 시대가 된 것이다. 이것은 성공의 법칙이 변했음을 보여준다.

과거에는 무조건 조직 안에서 동료들과 호흡을 잘 맞추는 사람이 입신출세의 열쇠를 쥐고 있다고 생각했다. 따라서 조직을 위해 개인을 희생시키는 사람이 존중되었다. 그것은 회사가 상대하는 사회 또한 그렇게 집단화되어 있었기 때문이다. 획일적인 사회를 상대하려면 획일적인 삶을

사는 사람 쪽이 유리하다. 그러나 아이디어의 시대에는 다르다. 아이디어는 자기 좌표를 확고히 갖고 있는 사람에게서 나오기에 개인적으로 삶의 보람을 추구하는 것, 곧 개성이 필요하게 된다.

그렇다면 다양화 시대에 바람직한 인재란 어떤 사람을 말할까? 일을 하는 사람에게 다양화 시대는 격동기다. 격동기에는 개발형 인재가 요구된다. 탈무드가 말하고 있는 것이 바로 격동기의 개발형 인재다.

지금도 일부에서는 '열성적 사원'을 샐러리맨의 모범으로 삼는다. 도대체 '열성적 인간'이란 어떤 사람을 가리키는 것일까? '열성적 인간'은 획일적인 시대에 정해진 규칙 위를 무턱대고 돌진하는 산업노동자를 말한다. 지금까지는 '열성적 인간'이 직장 내에서 인정을 받았다. 그러나 '열성적 인간'은 일정한 조직 안에서만 '실력'을 발휘한다. 확실한 규칙이 있는 한 열성적 인간은 '맹렬하게' '실력'을 발휘할 수 있었다.

그러나 현대 사회는 더 이상 '열성적 인간'을 요구하지 않는다. 유연하고 '여유 있는 인간'이 인정을 받는다. '열성적 인간'과 '여유 있는 인간'의 차이는 무엇일까?

정년을 채우지 못하고 회사에게 나가게 된 샐러리맨이 "하나밖에 없는 인생을 오로지 회사를 위해 바쳤습니다."라고 했다면 바로 '열성적 인간'의 탄식이다. 회사에 대한 충성심만 외치며 살아온 사람은 눈가리개를 한 채 앞만 보고 달려온 말과 같다. 문제는 길 자체가 사라진 것이다.

'여유 있는 인간'은 '유연한 인간'이라고 해도 좋다. 이 사람은 회사를 나가더라도 언제든지 다른 곳에서 일할 수 있는 힘이 있다. 회사 밖에서도 통하는 지식을 갖고 있는 사람이라 해도 좋고, 무슨 일이든 대응할 수 있는 사람이라 해도 좋다. 이런 사람은 회사에서 쫓겨나기는커녕 스스로 회사를 그만둘 수 있다.

오늘날 기업들은 이와 같이 유연한 인재를 찾는다. 직장 밖에서 삶의 보람이나 취미를 가진 사람을 찾는 현실은, 회사 밖에서도 통하는 인간이 회사 안에서도 환영받는다는 것을 뜻한다. 그러면 회사 밖에서 통한다는 것은 무슨 뜻일까? 그것은 확고부동하게 개인이 확립되어 있음을 말한다.

더 이상 "인생의 황금기를 회사에 바쳤다."는 말을 해서

는 안 된다. 홀로 설 수 없는 사람은 회사에서 쫓겨나는 순간 낙오자가 된다. 그렇게 되지 않으려면 회사에 자신을 맞추는 것이 아니라 자신을 중심에 두어야 한다. 즉 회사에 자신을 착취당하는 것이 아니라, 스스로 자신을 쥐어짜서 달콤한 과즙을 빨아야 한다.

권위로부터의 자유

탈무드적 인간이 성공하는 제1의 요건이 '잘 배우는 것'이라면, 제2의 요건은 '권위를 인정하지 않는 것'이다. 탈무드는 아무리 사소한 질문이라도 주저하지 말라고 가르친다.

그래서 탈무드적 인간은 겉치레뿐인 권위를 믿지 않는다. 탈무드적 인간은 항상 권위를 의심하는 자유로운 인간이다. 의문을 품는 것 자체가 기성의 권위에 대한 도전이다. 반대로 '열성적 인간'은 권위에 맹종하는 권위주의자다.

영어로 '권위', '명성'이라고 하는 말은 authority 또는 prestige다. Authority에는 '당국(當局)'이라는 뜻이 있다. 어원을 조사해보면 그 말의 참뜻을 확인할 수 있다. Prestige의 어원은 라틴어로 praestringere(속이다)라고 한다. 유명 상표의 상품이 '프레스티지 상품'이라고 불리는 것과 비교하면 흥미롭다. 권위는 엄포일 때가 많으며 대부분의 권위는 일단 의심해야 한다.

반면 기독교는 권위주의적인 종교다. 영어 '종교(religion)'의 어원은 라틴어로 'religare(묶다)'라는 말이다. 천주교 성당에는 그리스도 상이나 마리아 상이 있다. 사람들은 그 앞에서 무릎을 꿇고 기도를 한다. 유대인의 시각에서 보면 이것은 우상 숭배다. 구소련의 스탈린 동상, 중국의 마오쩌둥의 거대한 동상, 평양 혁명박물관 앞에 서 있는 금박을 입힌 김일성의 동상도 다 권위를 나타내기 위해 세워졌다.

유대교는 우상을 만들지 않는다. 흔히 기독교에서는 하나님을 자비로운 노인의 이미지로 그리지만 유대교에서는 하나님의 형상을 그리지 않는다. 하나님의 상을 만들거나 이미지를 그림으로 그리는 것 자체를 우상을 만드는 것으로 보았기 때문이다. 따라서 지금까지 유대인들에게는 유대계 위인들의 사진이나 그림을 걸어 둔다거나 동상을 만들어 세우는 일이 일체 없었다.

유대인들은 권위를 좋아하지 않는다. 탈무드에는 "가르침을 이해하지도 못한 채 받아들이는 사람은 권력을 부패시킨다."라고 쓰여 있다. 마르크스, 프로이트, 아인슈타인과 같은 각 분야의 개혁자들은 권위를 인정하지 않는 것을 개혁의 출발점으로 삼았다. 그들에게 기존(旣存)의 것이란 의심해야 하는 것이었다. 바꾸어 말해 자유로운 정신을 가지고 늘 의문을 갖는 인간이 되어야 하는 것이다.

 이것은 스스로 모든 것을 책임지겠다는 의미다. 사실 인간은 바깥의 권위를 인정하면 편안하게 살 수 있다. 반대로 권위에 도전하고 그것을 부정했을 경우, 자신이 그 공간을 메워야 하며 자신밖에는 신뢰할 수 없게 된다. 그러기 위해서는 많은 용기가 필요하다. 이와 같이 항상 도전한다는 것은 고통스러운 일이나 고통을 극복하기만 하면 새로운 세계가 열린다.

 유대인에게 진정한 권위는 '여호와' 곧 '하나님' 밖에 없다. 권위라고 하는 것은 어딘가 수상쩍다. 정말 올바른 것을 인정하고 경의를 표한다면 대부분 수상쩍은 권위 따위는 필요 없어진다. 오늘날 세계의 발전을 저해하는 것이 있다면 아마 이러한 권위일 것이다.

성경과 탈무드에 의하면, 세계는 인간을 위해서 만들어진 것이며, 인간이 그 세계를 지배하도록 하나님께서 명령하셨다. 유대의 현인들은 고대에 하나님께서 종교적인 책임을 유대인에게 지웠다고 생각했다. 동시에 모든 인간은 민족을 초월해 평등하며 하나님의 이미지에 따라 창조되었다고 생각했다. 인류는 한 사람의 인간으로부터 시작되었다. 그러므로 탈무드는 어느 누구도 다른 사람에게 "나의 조상은 당신의 조상보다 위대하다."라고 말해서는 안 된다고 가르친다. 왜냐하면 성경의 창세기에 의하면 세상은 하나님께서 한 명의 인간(아담)을 만든 데에서 시작되었고, 인류는 모두 그 후예임이 분명하기 때문이다.

유대인은 어려서부터 이러한 이야기를 듣고 배워 상식으로 받아들인다. 인간에게는 아래위가 없다. 그러므로 권위를 자랑하는 인간은 유대인 사회 안에서 인정받지 못한다.

편역자 주 여기에서 말하는 '권위'에 대한 부정은 가정과 사회에 있어야 할 윤리적인 권위의 부정을 의미하는 것이 아니라, 권위를 남용하는 권위주의에 대한 부정을 의미한다. 즉 과도한 권위주의에 눌려 있으면 자신의 창의력이 발휘될 수 없다는 말이다. 유대인은 인간관계에 있어서의 도덕과 윤리를 대단히 중요하게 여긴다. 자세한 것은 《유대인 아버지의 4차원 영재교육》(현용수, 동아일보, 2006), 제1부 III. 2. '권위와 권위주의' 참조.

상식을 깨는 진정한 자유인

유대인은 되도록 세속의 권위를 억제하려고 노력해 왔다. 고대 아시리아, 중국, 이집트, 그리스, 로마와 같은 나라들에서 왕권은 매우 강력했지만, 유대 사회에서는 왕이나 여왕의 존재를 그들의 지배하에 있는 '국민의 권리'를 보호하는 존재로 보았다. 즉 항상 '제한받아야 할 왕정'이라고 생각했던 것이다.

따라서 지도자를 우상화하는 것을 싫어했다. 위대한 지도자 모세도 예외는 아니었다. 그런데 그들은 위대한 지도자였던 모세에게서 무엇을 배웠을까? 탈무드에는 다음과 같이 쓰여 있다.

모세는 귀족으로 이집트 궁전에서 자라며 호화롭게 살

았다. 당시 노예의 존재는 하늘의 구름과 바람처럼 자연스러운 것이었다. 어떤 사람들은 자유인으로 태어나고, 어떤 사람들은 태어나면서부터 노예였다. 아리스토텔레스는 노예를 '살아 있는 도구'라고 부르지 않았던가? 노예와 자유인의 구별은 보잘것없는 쇠붙이와 고귀한 금의 차이와 같아서, 쇠를 금으로 바꾸는 것이 불가능한 것처럼 노예가 자유인이 된다는 것은 생각할 수조차 없었다.

또, 당시 이집트를 지배하고 있던 지배 계급이나 현인들도 이를 당연히 여겼다. 그러나 모세는 이런 사람들의 처지를 보고 마음 아파했다. 도대체 모세는 어떤 마음가짐을 가졌던 것일까? 그는 혹사당하는 노예를 보고 "당신들 때문에 내 가슴이 아프다. 나는 당신들을 위해서라면 죽어도 좋다."라고 했다. 이처럼 모세는 귀족이었음에도 불구하고 노예들의 슬픔을 함께 나누면서 몇 차례나 눈시울을 적셨다.

모세는 일신의 쾌락만 즐기며 살지 않았다. 모세가 왜 위대한 인물인가 묻는다면 그 시대의 상식에서 벗어났기 때문이라고 말할 수 있다. 당시의 상식은 인간이란 자유인과 노예로 나뉘는 것이었다. 상식은 항상 의심받아야 한다.

116

상식을 벗어난 모세가 있었기에 이스라엘 사람들은 이집트의 노예 생활에서 벗어날 수 있었다.

탈무드는 인간이 상식에서 벗어남으로써 진보가 빨라진다는 의미에서 긍정보다 부정을 권장한다. 이것은 권위를 맹신해서는 안 된다는 뜻이다. 모세는 유대인 역사에서 위대한 지도자였다. 그러나 유대인들이 모세를 지나치게 칭송하지 않는 것은, 인간에게 절대적인 권위를 부여해서는 안 된다는 사고방식이 그 밑바닥에 흐르고 있기 때문이다.

자유인이란 도대체 어떤 사람인가? 그는 외부의 권위에 맹종하지 않고 자립한 사람이다. 자신의 고유한 사고방식(사상)을 지니고 있기에 주위의 생각을 있는 그대로 받아들이거나 안이하게 몸을 맡기지 않는 사람이다. 자유로운 사람에게 존엄성이 있다고 함은 그 때문이다.

이처럼 탈무드가 상식으로부터 벗어날 것을 권장한다는 것은 의미 깊다. 천문학에서도 갈릴레오나 케플러는 그들 시대의 천문학적 상식에 도전함으로써 과학의 진보에 크게 기여했다. 인류는 이처럼 상식에서 벗어난 사람들에 의해 진보(발전)를 거듭해 왔다.

'히브리'라는 말은 원래는 '강 건너편에 서다'라는 의미다. 즉 누군가 서 있는 곳과 다른 장소(강 건너편)에 내가 서 있다는 뜻이다. 말 그대로라면 한 사람 한 사람이 각기 다른 장소에 서 있지 않으면 안 된다.

공산주의 사회에는 개인의 자유가 없다. 반면 자유주의 사회에는 개인의 자유가 있다고 생각한다. 그러나 한 걸음 더 나아가 생각하면 자유로운 사회에서는 개인의 자유가 보장될 뿐 반드시 개인이 자유롭다고는 할 수 없다. 우리의 일상생활에서도 이를 확인할 수 있다. 권위에 도전하는 것보다 주위 사람들의 흉내를 내며 사는 쪽이 더 안락한 삶을 보장받는다. 여기에 획일화라는 함정이 있다. 그러나 주위 사람들을 모방만 하는 사람을 진정한 자유인이라고 말할 수는 없다. 자유는 개인이 독립하는 것에서 시작된다.

인간은 한 사람 한 사람이 모두 다르다. 똑같은 일을 두 사람에게 시켜보면 두 사람이 각각 다르게 처리하는 것을 볼 수 있다. 인간이란 그러한 존재인 것이다. 개성이 부정되는 사회에는 발전이 없다. 스스로 자기 개성을 말살하는 사람에게 진보란 있을 수 없다. 인간이 존귀하게 대우받을 때 개인이 존귀한 것이다. 인간은 하나님을 닮았지만 대중은 그렇지 않다. 그러므로 개인이 무턱대고 대중을 모방한다면 태어날 때 부여된, 스스로 창조해가야 한다는 사명을 잃어버리게 된다.

예술은 한 사람 한 사람의 개인이 만드는 것이다. 예술가는 한 사람이다. 인생도 예술이다. 당신의 인생이라는 작품을 창조할 수 있는 자는 당신뿐인 것이다. 좋은 작품을 만드는 것도 만들지 못하는 것도 당신에게 달렸다.

나의 스승은 나 자신

'자신을 좌표의 중심에 둔다'는 것은 특히 동양인들에게는 생소하고 서툰 일이다. 동양인은 '다른 사람이 있음으로써 존재하는 나'라든가, '상부상조'와 같은 말에서처럼 조직의 일원으로서 존재하는 개인이라는 의식이 강하다. 어쨌든 '자기중심'이라는 말 자체가 비난의 의미를 담고 있다.

그러나 이제 개인이 잠에서 깨어나는 시대가 되었다. 앞으로는 독립된 개체로서의 인간이 요구된다. 다양한 '개체'의 시대에는 집단으로는 대응할 수가 없다. '개체'에는 '개체'로 대응해야 하며 그러기 위해서는 개인의 확립이 요구된다.

타인에 맞추기보다는 경쟁을 즐기고 활발하게 '나'를

키워가는 사람, 지적 취미를 가진 사람이 중용되는 시대다. 그런 사람은 하루아침에 만들어지지 않는다. 자연스럽게 자신의 본성이 나타나야 한다. 그러기 위해 자신이라고 하는 좌표를 확고히 정립해야 된다. '자신을 갈고 닦고, 자신을 정말 귀중히 받드는 사람이라야 다른 사람도 존중한다'는 의미에서 개인주의를 확립해야 한다.

그러려면 자신을 응시해야 한다. 동양에서는 다른 사람을 의식하며 사는 경우가 많다. 집단 속에서만 일을 해 왔기에 타인지향형(他人指向型)이다. 무슨 일을 해도 조직 또는 단체를 우선시하고 다른 사람과 융합하는 데에만 집중한다.

물론 주위 사람들과 화목하게 지내는 사교성이나 배려는 어느 시대를 막론하고 필요하다. 하지만 지금까지는 집단의 목적을 위해 일하고 '대의(大義)'를 위해 개체를 죽일 것을 요구하는 대신, 그 집단에 소속된 사람끼리는 지나치게 서로 보호하며 응석을 허용했다.

오늘날 인재란 어떤 사람일까, 누가 필요한 사람일까를 따지기 전에 누가 불필요한 사람인가를 따져야 한다. 집단

중심에서 자기중심 시대로 이행(移行)하는 현실에서는 '자신'이 없는 사람이 낙오하게 될 것이다. 이러한 변화에 대처하려면 새로운 규칙을 터득해야 한다. 자신을 파는 시대가 오고 있는 것이다.

그럴수록 자신을 응시해야 한다. 지금까지는 주위환경에 자신을 어떻게 맞추어 나갈 것인가가 중요했다면, 앞으로는 주위를 응시할 뿐 아니라 자신을 응시하는 일이 꼭 필요하다. 남과 대화하는 것보다 자신과의 대화에 많은 시간을 할애해야 된다. 주위에 구애받지 않고 자신과 마주 앉는 시간을 더 많이 가져야 한다. 집단이라는 둥지를 떠나 자신만의 둥지를 만들어야 한다.

외국인의 눈에 동양 사회는 지극히 균등질적(均等質的)인 사회였다. 그러나 앞으로 동양은 이질(異質)적인 것들이 모여 이루어지는 서구형의 불균질적(不均質的)인 사회가 되어갈 것이다. 이질적인 것들은 서로 부딪치게 마련이다.

> 편역자 주 개성이 용납되지 않는 획일화가 아니라 개성이 필요한 다양성 사회가 된다는 뜻이다.

광고 문구에 '차이(差異, difference)를 아는 사람'이라는 말이 있다. 퍽이나 암시적이다. 이제까지는 균질함의 정도가 너무 심해서 이질적인 것에 대한 거부반응이 강했는데, 새로운 시대에는 그렇게 할 수 없다. 새로운 시대는 다양한 가치가 공존하며 경쟁하는 시대이기 때문이다.

집단의 동질성을 강조하는 사회에서는 자신이 속하는 조직의 색깔에 맞추어 자신을 염색해야 했다. 그 대가로 개인은 그 조직의 보호를 받았다. 그래서 샐러리맨들은 되도록 자기 개성을 희미하게 해서 드러내지 않으려고 노력했다. 조직은 권위를 중시하고 집단에 개인을 맞추도록 요구했다. 더욱이 개인은 이러한 일에 대해 별로 의문도 품지 않고 조직 환경에 적응해 왔다고 하겠다.

자기중심 시대의 도래는 기업에만 한정되는 것이 아니다. 사회 전반적으로 만들면 팔리고 생존을 위해 소비하는 시대는 끝났다. 새로운 기호의 시대 또는 취미의 시대가 시작되었다. 어느 집단에 속하지 않고 자신들의 취향에 맞는 생활을 해 나가는 젊은 부부와 아이들로 이루어진 핵가족이 대세를 이루는 것도 이러한 분위기를 반영한다.

대도시 근교의 지방 도시들도 차차 개성을 갖추게 될 것

이다. 각 도시의 고유 기능이 강조되면서 뉴타운으로 탈바꿈한다. 바꾸어 말해 대도시가 흡인력을 잃게 될 것이다.

이와 같이 자신을 좌표의 중심에 정립하는 일은 개인뿐만 아니라 지역 사회에서도 나타나기 시작했다. 지금까지는 자신을 강조하면 집단에 대한 '배반'으로 여겼다. '배반'이란 말이 너무 강한 표현일지도 모른다. 그러나 집단에 융합하지 않고 자신만의 시간을 가지려 할 때 꺼림칙하다는 생각이 떠나지 않았던 것이 사실이다. "저 녀석은 안 돼."라는 말을 듣는 순간 그 사람은 집단으로부터 낙인찍히고 소외를 당했다.

그러나 앞으로는 자신만의 시각으로 사물을 바라보는 사람을 높이 평가할 것이다. 이러한 변화가 가능하게 된 것은 무엇보다도 생활수준의 향상 때문이다. 풍요는 사람을 자유롭게 한다. 한 사람 한 사람에게 자신을 성(城)을 쌓을 자유와 힘을 준다. 그리고 사회는 다양화하고 눈부시게 변화한다. 다양화와 불확실성은 같은 말이다. 앞으로는 문화적 가치가 경제적 가치의 척도가 된다. 즉 경제와 문화의 경계선이 애매하게 될 것이다.

탈무드에는 "자신에게 가장 좋은 선생은 자신이다. 이렇게 학생을 잘 알고, 이처럼 깊이 학생을 동정하고, 이처럼 강력하게 학생을 격려하는 선생은 있을 수 없지 않은가."라는 말이 있다. 이것은 자신과의 대화에 대해 이야기하는 것이다. 물론 고집스럽게 자신을 붙잡고 있어서는 안 된다. 자신의 껍질에 갇혀서도 안 된다.

자기중심이라고 하는 것은 자신이 전부라는 뜻이 결코 아니며, 자기 자신에 대해서도 유연성을 가져야 한다는 뜻이다. 다른 사람에게 마음을 쓴 나머지 자신을 잊어서는 안 되는 것처럼, 자신 안에서 자신을 잃어서도 안 된다.

읽지 말고 해석하라

'탈무드적'이라고 하면 다양한, 때로는 모순되기조차 한 많은 지식과 지혜를 가지고 있다는 의미다. 오늘날의 세계를 한 가지 견해만으로 설명할 수 없음은 누구나 알고 있다. 다양화 시대를 살아가려면 한 가지 분야의 좁은 전문지식만으로는 부족하다. 쓸데없는 것처럼 보이는 일이라도 지식을 늘려야만 된다. 지식의 폭을 넓혀야 한다는 것이다. 그러므로 어떠한 지식이라도 될 수 있는 대로 많이 가지고 있는 편이 좋고, 호기심이 솟아오르면 어떠한 지식이라도 흡수하는 것이 좋다.

학계에는 '공동학술연구'라는 말이 있다. 이것은 한 가지 문제에 대해 여러 분야가 함께 해결해야 한다는 시각에서 다양한 분야의 학자들이 모여서 연구하는 것을 말한다.

20세기 초에 활약한 미국의 경제학자 소스타인 베블런은 '교육에 의한 불능화(不能化)'라는 개념을 남겼다. 이는 한 분야에 대해 교육을 받은 사람이 전문화가 깊어질수록 시야가 좁아지고 오히려 사물의 본질을 잘못 알게 되기 쉽다는 사실을 지적한 말이다. 간단히 말해 '전문분야밖에 모르는 어리석은 자', 아니면 '학문을 하는 어리석은 자'라고 할 수 있겠다.

탈무드는 되도록 '학문을 하는 어리석은 자'를 물리치려고 한다. 물론 전문 지식도 필요하다. 그러나 동시에 전반적인 지식을 지녀야 한다. 높은 피라미드의 정상은 넓은 사각의 받침에서부터 시작된다. 밑변이 좁으면 큰 피라미드를 쌓을 수 없다. 학문이나 지식의 분야에서도 같은 말을 할 수 있다. '강가에 서서 건너편 강가를 바라보다'라는 뜻을 지닌 '히브리'라는 말은 여러 가지 정보나 견해를 취한다는 의미도 된다.

이것이 유대인의 기본적인 태도이며, 될 수 있는 대로 많은 지식을 갖는 것이 어떤 문제에 부닥쳤을 때 도움이 된다. 왜냐하면 그 문제에 대해 많은 정보를 입수하고 있는

것이나 마찬가지이기 때문이다. 해답은 뜻밖의 장소에 숨어 있는 경우가 많다.

탈무드는 사고술(思考術)의 하나로서 연상(聯想)력을 높이 평가한다. 인간의 사고력은 바로 연상하는 힘에 있다. 하나의 생각이 실마리가 되어 다음 생각으로 유도된다. 연상력과 감성(感性)의 예민함은 같은 것이다.

"저 사람은 머리가 좋다."라고 말할 때 머리가 좋다는 것은 연상력이 풍부하다는 것을 가리킨다. 프로그래밍이 잘된 컴퓨터를 떠올리면 된다. 컴퓨터를 움직이는 힘이 연상력인 것이다.

탈무드적 인간은 연상력이 풍부하다. 풍부한 연상력을 가지기 위해서는 자신의 관심을 한정시키지 말고 될 수 있는 대로 다양하게 지식을 쌓는 편이 유리하다. 온갖 학문에 관심을 갖고 풍부한 지식을 쌓으라는 말이다.

영어에서는 '연상'을 'association'이라고 한다. 이것은 '결합'시킨다는 뜻도 있다. 축적된 지식이 많을수록 지식들이 서로 어울려 자극하므로 날카로운 직관을 갖게 된다. 인간이 가진 지력(知力)은 궁극적으로 직관력이다. 단지 지식을 갖고 있는 것만으로는 갖가지 상황에 적응할 수 없다.

두뇌는 기억을 저장해 두는 단순한 창고가 아니다. 다양한 지식이 서로 화학반응을 일으켜서 창조적인 발상이 생기는 곳이다. 연상의 힘은 그것을 발상한 사람 자신도 놀라게 만든다. 독자들도 이러한 경험을 했을 것이다. "내가 어떻게 이런 일을 생각해냈을까!" 하고 내심 감탄의 소리를 외친 적이 있을 것이다. 이것이 연상의 마술이다.

가능한 한 많은 지식을 흡수하는 것과 주입식 교육은 별개다. 지식을 구하는 일은 어디까지나 왕성한 호기심이 뒷받침되어야 한다. 그러므로 '탈무드'에도 학문을 하려면 공부하기를 좋아하는 자세부터 갖추어야 한다고 쓰여 있다.

탈무드는 "불손한 호기심은 하나님이 인간계에 보내신 훌륭한 안내자다."라고 했다. 당신도 그 안내자를 갖고 있다. 그 안내자를 놀릴 필요는 없다. 지식을 더할 때마다 호기심은 더욱 새로운 영역을 늘려 나간다.

탈무드를 읽는 사람은 탈무드로부터 배워서는 안 된다고 엄중하게 경고를 받는다. 물론 유대인이라 할지라도 탈

무드를 배우는 것으로 일생을 마치는 사람이 적지 않다. 이러한 말이 있다.

> 탈무드를 단지 암기만 하는 것은 또 한 권의 탈무드를 만들 뿐이지 한 사람의 인간을 만들지는 못한다.

얼마나 멋있는 말인가! 내가 가장 좋아하는 경구(警句) 중 하나다. 암기에 그친다면 인쇄소에서 책 한 권을 더 인쇄하는 것으로 충분하다. 탈무드 독자라면 '복사판'이 되어서는 안 된다. 읽은 것을 자기 나름대로 '해석하는' 과정이 필요하며 스스로 생각해야 한다. 이것은 독서술의 기본이다. 다시 한 번 탈무드의 마지막 페이지가 여백이라는 사실을 상기해주기 바란다.

이것을 잘못 받아들이면 오늘날 일부 국가에서 나타나는 '입시 지옥'이란 큰 함정에 빠진다. 치명적인 결함이다. 이런 교육은 대량으로 시험 문제집의 복사판을 찍어내고 있는 셈이다. 이렇게 해서는 사회에 아무런 도움이 되지 않는다. 이러한 '입시 지옥'의 배경에는 집단에 맞추어 나가려고 하는 '영합문화(迎合文化)'의 몰개성적(沒個性的)인 토양이 있다.

연상력은 분방한 것이다. 사고가 고정화되면 모처럼 하늘이 준 연상력의 불가사의한 힘도 발휘할 수 없다. 지식을 접할 때 습득한다고 하는 태도를 취하면 지식은 머릿속에서 고정화되고, 지식이 머릿속에서 자유롭게 돌아다니면서 상호간에 자극하는 일도 없게 된다. 그러므로 유연한 태도로 지식이 자유롭게 걸어 다니게 해야 한다. 그래야 연상력이 발휘된다.

탈무드적 인간은 고지식해서는 안 된다. 권위를 비웃을 수 있는 강한 기질이 있어야 한다. 권위에 대한 도전 정신과 정의감을 동시에 가지고 있어야 한다. 저장된 지식이 어울려서 놀 수 있는 운동장을 만들어 주어야 한다. 그렇게 해야만 비로소 어느 순간 연상력의 기습을 받게 된다.

탈무드에 의하면 연상력이라고 하는 불가사의한 힘을 작동시키는 세 개의 방아쇠가 있다. 자신 또는 타인과의 대화, 독서, 집필이다. 연상력은 게으름뱅이다. 채찍질 없이는 달리지 않는 말과 같다. 그러므로 방아쇠를 수시로 당기

지 않으면 안 된다.

연상력은 자기 스스로 만드는 것이다. 먼저 호기심의 인도를 받아서 지식을 축적해야 한다. 그러면 그 지식은 잠재의식 속에 저장된다. 인간의 의식 중 90% 이상이 잠재의식이다. 잠재의식에 저장된 지식이 풍부해지면, 이윽고 상호 화학반응을 일으킨다. 연상력을 폭발시키는 데 역시 세 개의 방아쇠를 활용할 필요가 있다. 지식을 긁어모으기만 하는 단순한 서고의 파수꾼이 되어서는 안 된다.

평등의 의미

'평등'이라고 하면 대부분의 사람들은 자기 권리를 주장하기 위한 근거 정도로 생각한다. 그러나 분명히 해두는데 그것은 천박한 생각이다. 평등이란 개념을 아랫사람이 윗사람으로부터 더 많은 것을 받기 위한 근거로 사용해서는 안 된다. '평등'이란 그런 것과는 차원이 다른, 가슴을 울렁거리게 만드는 어떤 것이다.

평등을 믿는 일이 자기를 확립하는 첫걸음이다. 독립된 개체가 되려면 우선 자신(自信)을 가져야 한다. 자신을 귀중하게 여기기 위해 먼저 자신의 가치를 믿어야 한다. 넓은 하늘 아래에서는 누구나 다 평등하다. 벌거벗으면 누구나 똑같다는 생각을 가져야 한다.

자신을 과소평가해서는 안 된다. 지나치게 자신을 비하

(卑下)한다든가, 자기혐오를 하는 것은 일종의 방심(放心)이다. 자신만이 특별한 존재라고 생각하는 것도 방심의 시작이다. 누구든 똑같이 괴로워하고, 기뻐하고, 웃고, 운다. 자신만이 위대하거나, 자신만이 쓸모없는 존재인 것은 아니다.

탈무드적 인간은 인간의 강함과 약함을 알고 있다. 인간을 인간 자체로서 받아들이는 것이다. 그러므로 유대인은 금욕적이지 않고 초인의 존재도 믿지 않는다. 지극히 자연스럽게 하나님이 주신 대로 무리하지 않으며 산다.

이것은 아주 중요하다. 인간이 간직하고 있는 가능성과 선천적으로 가지고 있는 한계, 이 두 가지를 알면 균형을 취할 수 있다. 그러면 성격도 밝아지고 그늘이 없어진다. 그리고 박력이 넘치게 된다. 유대인은 실패를 인정하고 외면하지 않으며 성공만을 좇지도 않는다.

인생을 자연스럽게 받아들이면 달관(達觀)하게 된다. 달관이라고 하면 극소수의 사람만이 성취하는 것이라고 생각하기 쉽다. 그러나 유대인들은 청년층까지도 이러한 달관에 도달해 있다. 이는 유대인이 오랫동안 고통을 받아 왔다는 사실에서도 하나의 이유를 찾을 수 있겠지만, 달관의 근원은 유대인의 지적 전통에 있다. 요컨대 유대인은 균형 집힌 인간관(人間觀)을 가지고, 인간은 누구나 큰 차이가 없음을 알고 자신도 그와 같은 인간이라고 생각하면서 자신감을 갖는 것이다.

그러면 대화에도 막힘이 없고 항상 쾌활한 표정을 짓게 되어 다른 사람들의 호감을 사게 된다. 건전하고 늠름한 평등관은 적절한 화장품처럼 정신뿐만 아니라 표정으로도 나타난다. 평등이라고 하는 것은 약한 자가 입는 갑옷이 아니다.

말하자면 평등은 그와 같은 외면적인 도구가 아니라 내적 균형을 갖추는 것이며, 인간이 지닌 아름다움의 바탕이며, 이는 자신의 존엄으로 이어진다. 이런 사람은 자신이 올바르지 못함을 판단할 수 있도록 평등으로부터 항상 가르침을 받아 그것이 완전히 몸에 배게 된다.

탈무드에 의하면 자연은 그 법칙에 따라 움직이고, 천사들은 하나님으로부터 주어진 사명을 다하기 위해서 일하지만, 인간은 자기 자신이 주인이다. 유대교에서 인간은 이중의 성질을 가지고 있다. 이는 두 천사에 의해 상징된다. 하

나는 '이에쓰아 하토프'라는 선(善)의 천사이며 또 하나는 '이에쓰아 하라'라는 악(惡)의 천사다.

인간이 모두 평등하다는 것을 확신하면 위장된 권위라고 하는 도금이 벗겨져버린다. 비유대인 사회에서는 흔히 도가 지나치게 권위라고 하는 도금을 입힌다. 유동적인 사회에서는 권위에 젖어 있으면 시대에 뒤처진다. 유대인은 전통에 의해서 무엇이 올바른가, 무엇이 '이에쓰아 하토프'라고 불리는 선한 성향을 가진 천사이며, 반대로 무엇이 '이에쓰아 하라'라고 불리는 악의 천사인가를 파악한다. 유대인에게 인간은 이 선과 악의 천사가 공존하고 있는 존재인 것이다.

인간은 이처럼 태어나면서부터 두 가지 충동(衝動)을 갖고 살아간다. 그렇기에 살아 있는 한 나쁜 충동을 극복하지 않으면 안 된다. 그리고 극복한 자에게는 큰 보상이 주어진다. 창세기는 인간이 이 땅 위에 생겨난 각본이다. 그리고 유대인은 전통적으로 이 창세기에서 많은 교훈을 얻고 있다. 어렸을 적부터 부모가 몇 번이나 되풀이해서 들려주는 창세기는 유대인에게 자장가와 같다.

창세기를 보면 첫째날에 하나님께서 세계를 하늘과 땅으로 나누었다. 그리고 탈무드에 의하면, 인간은 하늘과 땅 양쪽에 속해 있는 생물이다. 곧 정신적인 면과 짐승 같은 면을 둘 다 가지고 있다. 이것은 결코 전자가 선이고 후자가 악이라고 단정 짓는 것이 아니다. 따라서 유대인의 현실성은 수치심에 대한 유대인의 본질적인 자세와도 관계가 있다. 인간을 자연스러운 존재로 인정한다는 데에서 권위의 부정과도 관계가 있다.

도대체 어째서 짐승 같은 면을 갖고 있는 인간이 같은 인간 위에 권위를 구축할 수 있는가? 권위를 무조건 인정하면 자유로운 정신도 없으며, 나아가서는 자유로운 지적 창조도 없어진다. 제약이 있으면 진정한 창조물은 있을 수 없다.

인간에게는 편의적으로 받아들이는 권위와, 운명적으로 받아들이는 권위가 있다. 운명적으로 권위를 받아들이면 지적인 창조물에 제약이 생긴다. 자기 혼자 있을 때 창조적이 되기 위해서는 권위를 음미할 필요가 있는 것이다.

유대인은 인간임을 부끄러워하지 않는다. 이것은 인간

에게 짐승과 같은 면이 있음을 인정하기 때문이다. 예를 들어, 유대인은 아무리 중요한 손님과 함께 있어도 용변을 보고 싶을 때 화장실에 가는 것을 조금도 수치스럽게 생각하지 않는다. 그에 비해 많은 사람들이 중요한 손님과 마주 앉았다가 용변이 보고 싶을 때 자리에서 일어나는 것을 부끄럽게 여긴다.

그러한 기묘한 권위주의는 유대인들과는 거리가 멀다. 탈무드에도 "용변이 보고 싶으면 화장실에 가야 한다."라고 쓰여 있다. 유대인은 가장(假裝)하는 것을 싫어한다. 자신을 꾸미기 위해서 수입이나 시간을 허비해서 어쩌겠다는 것이며, 용변을 참아서 도대체 무엇을 얻는단 말인가?

유대인은 돈이나 기독교인들이 부끄러워하는 성(性)에 대해서도 전혀 꺼림칙하게 여기지 않는다. 섹스가 좋다는 것을 솔직하게 인정하는 편이 훨씬 더 편하지 않을까? 편하다기보다는 자연스럽다고 하겠다. 하기야 유대인이라 할지라도 다른 사람 앞에서 벌거벗는 것은 사회적으로 금기 사항이다. 그렇다고 해서 기독교인들처럼 육체나 금전, 성을 죄악시라는 사고방식은 전혀 갖고 있지 않다.

인생을 현실화한다는 것은 합리화한다는 것이다. 인간이 권위나 위신 때문에 인간적인 면을 감추어야 한다면 이것은 정말 불합리한 일이다.

자신이 모르는 일은 물어야 한다. 자신이 원하는 것은 말해야 한다. 그리고 상대편도 그것을 당연한 일로 받아들이는 사회가 자연스러운 사회다. 유대인들은 이렇게 생각하면서 살아간다.

탈무드는 "항상 최초의 인간은 혼자였음을 상기하라. 인간이 혼자였을 때에는 뽐낼 상대가 없었다."고 말한다. 권위를 인정하는 것은 위험한 일이다. 일단 권위를 인정해버리면 그 권위를 따라야 할 뿐 아니라, 그 권위를 흉내 내야 하기 때문이다. 이것은 개인의 존엄에 위배되는 일이기도 하다.

탈무드를 만든 현자들은 성경을 하나님이 지은 것이라고 생각했고, 거기에서 될 수 있는 대로 많은 교훈을 끌어내고자 했다. 아담은 히브리 어로 '사람'이라는 의미를 가지고 있는 동시에 '흙'이라는 의미도 있다. 인간은 모두 아담으로부터 싹 튼 자손이다.

그래서 탈무드에서는 사람을 죽이는 것을 경고하기 위해서 "한 사람 한 사람의 인간은 아담이다."라고 가르치고 있다. 이 이야기는 한 인간이 얼마나 소중한 존재인가를 말해준다. 만약 에덴동산에 있었던 단 한 사람의 아담이 살해되었다면 오늘날의 인류는 존재하지 않을 것이다. 곧 지금 세계에 사는 42억 명 한 사람 한 사람이 아담과 똑같은 존엄성을 가지고 있는 것이다. 편역자 주 이 책은 1977년에 출간되어 그 당시 통계를 인용하고 있다.

삶의 보람을 찾아라

오늘날 도처에서 또한 기업의 세계에서도 개성과 독창성을 가진 인간이 요구되고 있다. 곧 일을 떠난 '나'의 생활로서 취미나 관심사를 지닌 사람이 그렇지 않은 사람보다 오히려 호감을 얻고 있다.

과거에는 일이 첫째고 사생활은 다음이었다. 일터야말로 귀중한 집단생활이며 사생활은 제2의 종속적인 삶이라고 생각했기 때문이다. 그러나 기업 내부에서 개성과 독창성을 추구하게 되자 이제까지처럼 사생활을 분리해서 생각할 수 없게 된다. 이른바 제2의 생활을 잘해 나가는 사람이야말로 제1의 일터에서도 재능을 십분 발휘할 수 있다는 인식이 강해졌다.

고도 경제성장을 통해 풍요가 급속히 확대된 결과, 사람들에게는 자신의 생활에 더욱 충실하고 싶다는 욕망이 생겨난 것이다. 제1의 생활이 늘 제2의 생활에 우선하던 지금까지의 도식(圖式)이 역전된 것이다.

특히 동양에서는 다른 사람을 위해 희생하는 것을 높이 평가했다. 빈곤 극복이라는 하나의 큰 목표를 세우고 각 집단은 경제성장을 위한 개별 목표를 향해 총화의 힘을 발휘해야 했다. 만약 자기 생활을 우선시하는 사람이나 강한 개성을 드러내는 사람이 있다면 집단에서 배척을 당했다.

반대로 집단을 위해 개성을 희생시킨 사람들은 그 대가로 집단의 보호를 받을 수 있었다.

그러나 앞으로 이와 같은 보호는 급속히 사라질 것이다. 집단을 앞세우는 대신 한 인간으로서 자신을 창조하는 시대가 시작되었기 때문이다.

이와 같은 조짐은 도처에서 나타난다. 예를 들어, 모 연구소에서 사원 500명을 대상으로 '미래의 비즈니스맨'이라는 조사를 실시했다. 조사 결과, 응답자의 70%가 자기중심의 생활을 원하는 것으로 나타났다. 응답자의 37.6%는

'일도 중요하지만 취미나 가정도 중요하며 다각적으로 살겠다'는 유형이며, 31.1%는 '재능을 회사 밖에서도 발휘할 수 있기를 바란다'고 대답했다. 편역자 주 이 조사는 1970년대에 한 것으로 다가올 '1980년대 비즈니스맨'에 대해 물었다.

또 다른 기관에서 '21세기에 대한 제언'을 조사한 결과, '기업은 무엇을 해야 하는가?'라는 질문에 대해 가장 많이 한 답이 '종업원이 삶의 보람을 갖도록 해야 한다'는 것이었다. 이 조사는 경영자, 노동조합, 학계 등 각계 지도자를 대상으로 한 것이다. 미래 사회 경제동향에 대해서는 앞으로 예견되는 큰 문제로 '사회병의 발병'이라는 답이 많았다. 여기에서 '사회병'이란 삶의 보람을 찾지 못하는 사람들의 고뇌가 깊어진다는 의미다.

이러한 조사 결과나 샐러리맨에 관한 언론 보도들을 종합해보면 지금까지 얼마나 개인의 삶이 도외시되어 왔는지를 알 수 있다.

어쨌든 삶의 보람이나 진정으로 몰두할 수 있는 취미는 잔재주로 발견되는 것이 아니다. 개인의 철학을 근본적으로 바꾸지 않으면 안 된다. 생활 전체를 새롭게 해야 할 필요가 있다. 가게에 가서 손쉽게 살 수 있는 유행 상품이 아닌 것이다. 자신을 개조하는 새로운 인간혁명이라고 해도 좋을 것이다.

자신에게 경의를 표하라

탈무드적 인간은 자신을 중심으로 세계를 만들어간다. 그런 의미에서 에덴동산의 아담 이야기가 참고가 된다. 낙원 신화는 유대인만 가지고 있는 것이 아니다. 이 세상 대부분의 민족들이 오랜 옛날 낙원에서 살았다고 하는 낙원 신앙을 가지고 있다. 아랍 세계에서도 유토피아와 같은 낙원의 이야기가 생소하지 않다.

그러나 여기에서도 유대인의 특징이 나타난다. 다른 민족의 낙원 전설이나 낙원 신앙은 어떻게 하면 영원한 생명을 얻을 것인가, 어떻게 하면 낙원에 가서 살 수 있는가가 중심 주제다. 중국의 도원경(桃源境)도 한 예일 것이다. 그곳의 사람들은 영원히 행복하게 산다. 또, 어떤 물을 마시거나 어떤 과일을 따 먹으면 영원한 생명을 얻을 수 있다는 이야기도 많다. 그러나 구약 성경의 창세기는 불멸의 생명을 말하고자 하는 것이 아니다.

창세기는 태초에 아담이 완전한 행복을 만끽하면서 아내 이브와 살고 있는 데에서부터 시작된다. 이것은 어느 민족이나 갖고 있는 낙원 신앙이다. 그러나 두 사람은 하나님의 명령을 어겼기에 낙원에서 쫓겨난다. 이 이야기의 최대 교훈은 어떻게 해야 인간이 보다 좋은 생활을 되찾을 수 있느냐다. 다시 좋은 생활로 돌아가기 위해 인간은 자기 마음에 갖고 있는 나쁜 충동을 극복하지 않으면 안 된다. 그리고 훌륭하고 살기 좋은 세계를 만드는 것은 모든 사람 각자에게 주어진 책임이다.

탈무드는 자주 자신(自信)을 갖는 것이 중요하다고 가르친다. 누구를 막론하고 완전한 인간은 없다. 다만 향상하고자 노력하는 사람과 노력을 포기한 사람이 있을 뿐이다. 탈무드는 이렇게 말한다.

인류가 시작되었을 때에는 인간은 아직 죄를 범하고 있지 않았으므로 그는 완전했다. 그리고 이 세상의 종

말이 오면 구세주가 와서 사람들은 다시 완전함을 되찾는다. 그러나 그 사이에 당신이 완전해진다는 것은 있을 수 없는 일이고, 또 당신의 이웃이 완전하게 될 리도 없다. 그러므로 완전하지 않다고 해서 자신을 잃어서는 안 된다. 또, 이웃이 완전하지 않다고 해서 멸시해서도 안 된다.

물론 지나치게 자신을 갖는 것도, 또는 자신을 잃는 것도 모두 위험하다. 탈무드에서 랍비 에피에쓰아는 이렇게 말한다.

자신의 마음이 수천 개의 파편으로 부서지고, 좌절감에 빠져서 재기 불능이 될까 염려가 될 때에는 소리를 내어 자기 자신을 칭찬하시오. 그러나 만약 자신이 너무나도 자랑스럽고, 자신의 만족이 자신을 압도할 것 같을 때에는 치료법으로서 소리를 내어 자신을 욕하시오.

또, 탈무드에는 다음과 같은 이야기도 실려 있다.

어느 날 한 랍비가 거리의 사람들이 더 이상 자신을 존경하지 않는다는 사실을 깨달았다. 그 일로 그는 매우 괴로워했지만 어떻게 해야 할지를 몰랐다. 그런데 얼마쯤 지난 뒤 그는 거리의 사람들이 그를 존경하지 않는 것이 아니라, 그 자신이 자신에게 경의를 품고 있지 않다는 것을 알게 되었다.

만약 자신에 대해 경의를 품지 않고 있는 사람이 있다면 다른 누구도 그에게 경의를 표하지 않는 법이다. 그래서 그 랍비는 자신의 좋은 점, 자신이 노력하고 있는 점을 헤아려 자신(自信)을 회복했다. 그러자 그의 가족, 이웃, 학생, 거리 전체가 그에 대해 보다 큰 경의를 표하게 되었다.

어느 날 한 랍비가 하나님의 십계명을 읽어가다가 "너희는 도둑질 하지 말라."는 말을 읽고 자신을 훔치는 일도 나쁘다고 했다. 이것은 무엇을 말하는가? 자신을 잃는다고 하는 것은 자신 속에 있는 것을 도둑질하는 것이나 마찬가지다. 인간의 존엄은 먼저 자기 자신에게서 출발해야 한다. 그렇지 않다면 타인의 존엄을 어떻게 인정할 수 있을 것인가? 사회에 대해서 봉사하려고 해도 자신에게 그만한 가치가 있다는 것을 자인할 수 없다면 그것은 불가능한 일이다.

인간은 혼자서 전 우주와 대결하고 있다. 각자가 뛰어나지 않으면 좋은 사회를 건설할 수 없다. 지금까지는 집단을 위해 자신을 희생으로 바친 '화(和)'의 사회였다. 기업체나 공공건물 등에 가면 '총화'라는 휘호가 걸려 있거나 사시(社是)에 '인화(人和)'를 강조한 곳이 많다.

특히 동양에서는 개성을 노출시키는 것이 좋지 않은 일로 간주되었다. 이것이 자기 경시로 이어질 가능성이 높다. '무사(無私)'라든가 '멸사(滅私)'라는 말이 미덕이 되고, 사적인 일은 공적인 일에 비해 경시되는 것이다. 여기에서 '공적'이라는 말을 '집단'으로 바꾸어도 좋다. **편역자 주** '무사(無私)'란 '집단을 살리기 위해 나 개인은 없다'는 의미다. '멸사(滅私)'란 '집단을 위해 나를 멸한다'는 뜻이다. 저자는 이 책을 일본어로 썼기에 일본인의 생활과 사고방식에 대해 많은 서술을 했다. 특히 일본 보수들은 집단의식이 매우 강하다.

그러나 '나(我)'를 확립하는 일은 단지 머릿속으로 할 수 있는 것이 아니다. 즉 이치를 납득하는 것만으로는 힘이 되지 않는다. 먼저 자신의 존재를 크게 보는 일부터 시작해야 하고 그 다음에 자신의 것을 소중히 여기는 습관이 형성되어야 한다.

자신의 것이라 해도 가족을 비롯하여 물질적 소유물, 자신의 시간에 이르기까지 여러 가지가 있다. 이 모든 것을 소중히 생각해야 비로소 자신의 사고방식도 소중히 여길 수 있다. 자기 세계를 만들지 않고 어떻게 자신을 소중히 여길 수 있겠는가? 어떻게 해서 자신의 견해, 자신의 생각이 생길 수 있겠는가? 하지만 여기에서 세상 사람들보다 자신이 더 훌륭하다고 생각하거나 반대로 자신을 낮추어 보아서도 안 된다. 자신과 주위 사람들을 대등하게 보는 일이 중요하다.

동양사회에는 뚜렷한 상하관계가 있다. 다른 한편에서는 대통령도 거지도 태어날 때에는 아무것도 지닌 것 없는 벌거숭이였다는 식의 평등주의가 나타난다. 유대인들은 어떤 상황에서도 인간이 평등하다고 생각한다. 하지만 개인이나 개성의 질은 모두 같을 수 없다. 개성은 반드시 다른 것과 달라야 된다. 그 다른 면에서 가치를 발견하는 것이다. 그래서 개인주의는 좋고, 이기주의는 좋지 않다고

구별할 수 있다. 개인주의와 이기주의는 다르다. 개인주의야말로 서양사회에서는 생활의 기본이 된다. 개인주의는 개인을 존중하지 않는 것이 아니라 개인을 소중히 여기고 각각의 차이를 인정하는 것이다. 또, 차이를 인정할 뿐 아니라 차이가 있기에 사물이 발전할 수 있다는 전제를 중요시한다. 이 전제대로라면 이질적인 것들끼리 경쟁을 해서 그중 뛰어난 것이 이기게 된다. 이러한 세계에서는 권위가 생기기 어렵다. 또는 생겼다 해도 빈번히 교체된다. 권위는 정체된 상태에서 힘을 갖는다.

대립을 두려워하지 마라

탈무드적 인간의 또 다른 특징은 대립을 두려워하지 않는 것이다. 항상 의문을 갖거나 권위를 인정하지 않는 것은 대립을 두려워하지 않는 태도에서 생긴다. 일부 동양인들은 질색할 일일지도 모른다. 이들이 사는 고장에서 '나'는 지극히 위태로운 존재이기 때문이다. 그리고 여기에서는 '나'라고 하는 것이 박해를 당한다. 예를 들어, 공분(公憤)은 좋지만 사분(私憤)은 좋지 않다고 본다. 공익은 좋지만 사욕은 좋지 않다. 물론 사욕도 정도의 문제이며, 서양에서도 이기주의는 경멸을 당한다.

그러나 동양에서도 서서히 '나'의 시대가 나타나고 있다. '나'를 지키려면 자신의 생각을 지킬 필요가 있다. 자기 생각을 지키려면 대립이 생긴다. 동양에서는 화(和)를

■ 유대인은 어려서부터 서로 대립하는 방법을 가르친다. 이를 '탈무드식 논쟁'이라고 한다. 사진은 서로 대립하여 반대 입장에서 극렬하게 토론하는 유대인 학생. 자세한 것은 편역자의 저서 《유대인 아버지의 4차원 영재교육》(동아일보, 2006), 제3부 제4장 '제2차원 영재교육: 질문식과 탈무드 논쟁식 IQ계발교육' 참조.

중시하고 대립을 싫어한다. 그러나 탈무드의 세계에서 대립은 좋은 일이다. 탈무드 안에는 수많은 논쟁이 있는데, 논쟁은 대립이 있어야 비로소 성립될 수 있다. 대립이 건전한 것임을 전제로 해야만 진정한 논쟁이 성립된다.

그러나 동양인들은 대립에 서툴다. 일단 대립하게 되면 진흙탕에 빠져버린다. 나라 살림인 국정을 운영할 때 정치

단체들끼리 대립하는 일이 생겨도 마찬가지다. 대립이 시작되면 원칙 같은 것은 통용되지 않는다. 대립으로부터 풍성한 수확을 얻는 방법을 알지 못하는 것이다.

이런 분위기에서는 대립이라고 하면 영원히 화해할 수 없는 것이라는 인상을 갖게 된다. 하지만 뛰어난 것들끼리 경쟁하며 상호간에 연마해 나가는 것이 진정한 대립이며, 이것은 사회 발전을 위한 원동력이 된다. 개인의 시대에는 대립을 솜씨 있게 다루는 방법을 배워야 한다.

탈무드에는 "철을 단련할 때에는 철을 사용한다. 인간을 단련할 때에는 인간을 쓴다."라든가, "칼을 갈 때에는 또 하나의 칼을 쓴다."라는 말이 자주 나온다. 철을 써서 철을 단련하고, 칼을 써서 칼을 갈 수 있는 것은 양쪽 다 단단하기 때문이다. 양쪽이 다 부드러우면 단련하거나, 갈 수가 없다. 이처럼 때로는 격렬한 대립도 필요하다는 것을 가르친다. 그러나 이 경우 어디까지나 대립이 보다 나은 것을 낳는다거나 대립에 효용이 있다는 것을 먼저 인정하지 않으면 아무 쓸모없이 끝난다.

대립을 효과적으로 이용하려면 어떻게 해야 할까? 먼저

상대를 존중해야 한다. 또는 상대의 처지를 존중해야 한다. 곧 상대의 의견을 존중한다고 하는 편이 좋을지도 모른다. 탈무드는 "좋은 의견에는 인격이 없다."고 말한다. 이것은 좋은 아이디어란 모든 사람의 소유가 되어야 하며, 그 아이디어를 낸 인간에 의해 평가되어서는 안 된다는 것을 의미한다.

동양 사람들은 서양 사람들과 달리 설복당해도 여간해서는 자기주장을 철회하려고 하지 않는다. 과오를 인정하려 들지 않는 것이다. 이는 의견과 그 의견을 낸 사람을 하나로 결부시켜 생각하기 때문이다. 그러나 설사 설복당했다 해도 그것은 상대에게 진 것이 아니라, 상대의 의견이 이긴 것일 뿐이다. 의견 대립을 하다 진다는 것은 절대로 수치스러운 일이 아니다.

따라서 대립하기 전에 상대가 훨씬 더 훌륭한 의견을 가지고 있을 가능성이 있으니 그것을 인정하고 받아들일 준비를 해야 한다. 그렇지 않으면 대립을 통해 풍성한 열매를 기대할 수 없다. 요컨대 대립이란 차이를 인정하는 데에서 출발하는 것이다.

탈무드는 끊임없이 질문과 답변을 반복하는 토론의 중요성을 강조한다. 물론 토론하다 보면 치졸한 질문도 나올 수 있다. 수준 낮은 질문을 받는 사람은 신경질이 나고, 시간을 허비하는 셈이다. 그렇다고 해서 질문 자체를 못하게 해서는 안 된다. 치졸한 질문을 막아버리면 좋은 질문이 나올 가능성마저 없애버리는 결과가 되기 때문이다.

탈무드적 인간이라고 하는 것은 지적(知的)으로 자유로운 인간이다. 질문을 두려워해서는 자유로워질 수 없다. 새롭고 훌륭한 아이디어를 발견하게 될지도 모르는데, 질문을 두려워하면 스스로 눈을 감고 귀를 막아버리는 것과 같다. 지적 호기심이라고 하는 문을 항상 열어 놓아야 한다.

이것은 혼자 있을 때에도 마찬가지다. 늘 자문자답을 되풀이해야 한다. 자기 안에도 갖가지 대립이 있어야 한다. 고정관념만큼 무서운 것도 없다. 자기 머릿속에 권위를 만들어서는 안 된다. 권위를 만들면 그 이면에서는 부작용이 생기게 마련이기 때문이다.

낙관은 죽음도 물리친다

유대인은 지극히 낙관적인 민족이다. 그들은 결코 희망을 버리는 일이 없으며 세계는 반드시 발전해 나간다고 믿는다. 그래서 유대인은 실패까지도 귀중히 여긴다. 대부분의 민족은 회상하고 싶지 않은 실패의 기억은 자신의 과거에서 지워 없애버리려고 한다.

예를 들어, 대부분의 민족들이 지키는 축제일은 그 민족이 과거에 영광을 쟁취한 날, 승리를 거둔 날, 성공한 날들을 축하하는 날로 되어 있다. 우리의 일상생활에서도 과거의 꺼림칙한 실패는 될 수 있는 대로 잊으려고 한다.

프로이트가 말한 것처럼 인간에게는 싫은 일은 기억해 내지 않도록 자위하는 본능이 있는 것이다. 그러나 사실 실패 이상으로 좋은 교사는 없으며 성공은 그리 좋은 교사가 될 수 없다.

탈무드에 어느 날 랍비들이 모여 인간의 눈은 흰자위가 검은자위보다 큰데, 어째서 인간은 검은 곳을 통해 사물을 볼까 하는 주제를 놓고 논쟁을 벌인 이야기가 나온다. 결론은 다음과 같다.

> 인간의 눈은 대부분이 희고, 검은 것은 작다. 그러나 인간은 희고 밝은 곳을 통해 사물을 보는 것이 아니라, 검고 어두운 곳을 통해 본다. 이것은 과거의 성공을 통해 사물을 보아서는 안 된다고 하는 교훈이다.

《탈무드의 처세술》(탈무드 3권, 동아일보, 2009)에서도 소개했듯이 유대민족 최대의 축제인 '유월절'에 유대인들은 2천 년간 이어져 온 전통 음식을 먹는다.

그중 하나로 쓴 나물이 있다. 이를 먹는 것은 과거 패배의 쓴맛을 되씹기 위해서다. 또, 밀가루로만 만든 마짜(무교병)라고 하는 딱딱한 건빵 같은 빵을 먹는다. 이 역시 민족의 패배를 상기시켜주는 음식이다. 그 밖에 접시 위에는 단단하게 삶은 달걀이 놓여 있다. 달걀은 다른 것과 달리 삶을수록 단단해지기 때문이다. 이것은 유대 민족이 곤경에 처할수록 내일에 대한 신념이 견고해짐을 상징한다.

이 축제일은 2천여 년 전 이집트의 노예로 잡혀 있던 유대민족이 해방된 것을 축하하는 날이다. 유대 사람들은 지금도 선조들이 이집트 바로 왕의 노예였던 시절을 잊지 않는다. 이것은 결코 자랑스러운 일은 아니지만 이와 같은 과거의 좌절이나 패배야말로 내일의 희망을 가져다주는 마음의 양식이라고 믿는 것이다. 편역자 주 유대인의 유월절에 관한 더 자세한 내용은 편역자의 저서 《잃어버린 지상명령 쉐마》(쉐마, 2006) 제3부 제3장 II. 1. '유월절' 참조.

이와 같은 과거의 실패나 좌절을 직시할 수 있는 것은 미래에 대한 깊은 낙관(樂觀)이 뒷받침되어 있기 때문이다. 서기 70년에 로마에 의해 예루살렘이 멸망당한 뒤 유대인이 세계를 유랑하고, 수많은 박해를 받으면서도 고난을 이겨내고 살아남은 것은, 역시 내일을 믿었기 때문이다. 낙관의 힘은 대단히 크다.

근대에 와서 유대인을 엄습한 가장 큰 비극은 나치 독일

유대인의 유월절 식탁에서 아버지가 가족들에게 나누어 주기 위해 고난을 상징하는 마짜를 꺼내는 모습. 쟁반 위에 쓴 나물도 보인다.

에 의한 대량학살이다. 이때 몇 명의 유대인이 죽었는지 지금도 확실한 숫자를 파악하지 못하고 있다. 어떤 이는 500만 명이라고 하고, 어떤 이는 600만 명 이상이라고도 한다. 추정치에서 100만 명 이상의 차이가 날 만큼 비극의 규모가 컸던 것이다.

나치의 유대인 대량학살의 상징 중 하나가 아우슈비츠 강제수용소다. 유대인은 유월절에 언제나 '아니 마민(Ani

■ 유대인을 600만 명이나 학살한 히틀러. 그는 1930년대 독일 민족의 영웅으로 부상했다. 사진은 연설하기 위해 사열을 받으며 등장하는 히틀러의 모습(Los Angeles Wiesenthal Center 제공).

Maamin'이라는 노래를 합창으로 부른다. 히브리 어로 '나는 믿는다'는 뜻으로 심금을 울리는 아름다운 노래다.

이 노래는 아우슈비츠 수용소 안에 있던 유대인들이 작사, 작곡한 노래다. 그들은 극한 상황에 처해 죽음으로부터 도망칠 수 없는 운명임에도 불구하고 "우리는 구세주가 올 것을 온전한 믿음으로 믿고 있다. 그러나 구세주가 조금 늦더라도 그분의 오심을 매일 기다릴 것이다.[I believe, with a perfect faith, in the coming of the Messiah, and even if he tarry(slow to arrive) I will wait daily for his arrival…]"라는 가사의 노래를 불러 스스로를 위로했다. 용기와 희망은 자기 스스로 버리지 않는 한 다른 사람이 빼앗을 수 없는 것이다. 구세주는 이 세계가 좋아진다는 것을 상징한다. "나는 믿는다." "아직도 믿고 있다."라고 그들은 노래했다.

유대인들은 나치의 박해를 받으며 짐승 이하의 생활과 가혹한 노동, 마지막에는 죽음을 강요당하며 이 땅에서 사라져갔다. 연합군이 이 수용소를 해방시켰을 때 소수가 살아남아 이 노래를 전한 것이다. 생지옥 속에서도 유대인들이 구세주가 온다는 것을 확신했다는 것은 낙관(樂觀)의 위대함을 잘 보여준다. 동시에 위대한 낙관이라고 하는 것이 얼마나 강인한지도 보여주고 있다.

낙관은 인간에게 어떠한 패배나 어떠한 압박도 견뎌낼 수 있는 힘을 준다. "비관은 가장 단단한 바위도 부순다."(탈무드)고 하지만, 낙관은 더없이 견고한 갑옷이다.

유대인의 강인함은 무(無)에서 출발한다. 세계 각지에 흩어져 사는 동안 몇 번이나 집이 불타고, 재산을 몰수당하고 추방되는 등 혹독한 시련 속에서 유대인은 언제나 빈손으로 도망쳐 다녀야 했다. 이와 같은 가혹한 체험이 사람들에게 유연한 머리를 갖게 했다. 그와 동시에 모든 것을 잃어버려도 비관하지 않는 강인함을 얻게 되었다. 목숨만 붙어 있다면 어떻게든 된다는 위대한 낙관이다.

균형 잡힌 유대식 현실주의

유대인은 지극히 현실적이다. 가령 탈무드는 상당 부분을 건강법에 할애하고 있다. 인간이 건강한 육체를 유지하는 것은 하나님에 대한 의무라고 생각했기 때문이다. 그래서 유대인은 언제나 청결을 중시했다. 유랑생활을 하는 동안 유럽 지역에서 전염병이 만연했을 때에도 유대인들만은 유행병에 걸릴 위험이 적었다. 그 때문에 전염병이 유행하면 유대인이 우물 속에 독약을 넣었다는 소문이 퍼져 박해를 당하기도 했다.

육체, 의복, 주거를 청결하게 하는 방법에 대해 탈무드에 상세한 지시가 나온다. 폭음, 폭식을 경고하는 항목도 있고, 어떤 질병은 어떻게 하면 나을 수 있는가도 나온다. 탈무드는 의학서이기도 한 셈이다.

어떤 고명한 학자가 자신의 아들에게 "어째서 회당에 강의를 들으러 가지 않느냐?"고 물었다. 아들은 우수한 학생으로 알려져 있었다. 아들은 이렇게 대답했다.

"제가 회당에 갈 때마다 강의는 사소한 문제밖에 다루지 않습니다."

회당에서 저명한 랍비가 강연을 하는데, 화장실을 어떻게 청결하게 해야 하는가와 같이 위생에 관한 내용뿐이었다. 아버지는 아들에게 말했다.

"그것이 어쨌다는 거야?"

아버지는 더욱 언성을 높였다.

"무슨 소리냐? 그렇게 중요한 문제를 이야기하는데 열심히 나가서 들어야지. 화장실만큼 일상생활에서 빼놓을 수 없는 것이 또 어디에 있느냐!"

후에 현자로서 유명해진 지라가 고명한 랍비 밑에서 학문을 닦았다. 그러나 단지 강의를 듣기만 한 것이 아니었다. 지라는 스승 랍비가 자택 욕실에서 하인들에게 욕조를 어떻게 씻으면 좋은가를 상세히 지시하는 것을 몰래 듣고

열심히 배웠다.

성(性)에 대한 태도에서도 유대인들은 다른 종교인들과는 확실히 다르다. 돈에 대한 태도도 그렇다고 할 수 있다. 기독교인들은 성이나 돈을 깨끗하지 못한 것이라며 멸시했다. 그러나 생각해보면 성도 돈도 인간에게 꼭 필요한 것이다.

예를 들어, 성경의 창세기를 보면 하나님은 6일 동안 세계를 창조하셨다. 그리고 이렇게 쓰여 있다.

> 하나님이 하시던 일이 일곱째 날에 이를 때에 마치니 그 지으시던 일이 다하므로 일곱째 날에 안식하시니라. 하나님이 일곱째 날을 복 주사 거룩하게 하셨으니 이는 하나님이 그 창조하시며 만드시던 모든 일을 마치시니 이 날에 안식하셨음이더라. (창 2:2~3)

이렇게 일주일 중 6일 동안 일하고 마지막 날을 휴일로 정한 것은 성경의 창세기에서 비롯된 것이다. 그리고 창세기에는 하나님이 반드시 하루가 끝나면 "보시기에 좋았더라."라고 하셨다고 쓰여 있다.

　유대인이 성을 기피하지 않는 것은, 성기도 하나님께서 만드신 것이므로 좋은 것이라고 생각하기 때문이다. 탈무드는 "섹스는 자연의 일부다. 그러므로 섹스를 할 때에도 본래 부자연스러운 것이라곤 무엇 하나 있을 리가 없다."고 가르친다. 성도 돈도 절대로 더러운 것이 아니다. 두 가지 다 인간에게 중요한 것이다. 탈무드에는 돈에 대한 경구가 자주 나온다.

　· 돈은 악이 아니며 저주도 아니다. 돈은 사람을 축복하는 것이다.
　· 돈은 하나님께서 보내 주신 선물을 살 수 있는 기회를 준다.
　· 사람에게 상처를 입히는 것이 세 가지가 있다. 고뇌, 말다툼, 빈 지갑이다. 그중 빈 지갑이 제일 많이 인간에게 상처를 입힌다.
　· 육체의 모든 부분은 마음에 의존하고 있다. 그런데 그 마음은 지갑에 의존하고 있다.

건전한 섹스가 건전한 인간을 만든다

이제 성 문제를 다루어보기로 하자. 기독교나 동방의 몇몇 종교는 결혼을 필요악으로 본다. 하지만 유대교에서는 절대로 그렇게 보지 않는다. 탈무드의 현인들은 성 충동을 자연스러운 것이라고 생각했다. 그 충동이 악이라고는 생각조차 하지 않았다.

예를 들어, 현인의 한 사람인 히스다가 자기 딸들에게 성교육을 시킨 것도 탈무드에는 기록되어 있다. 유대교에서는 성년이 되어도 결혼을 하지 않는 남자는 의무를 다하지 못한 사람으로 간주한다. 왜냐하면 하나님은 "생육하고 번성하여 땅에 충만하라."고 인류에게 명령을 내렸기 때문이다. 그러므로 독신자는 하나님의 가르침을 배반한 자로 취급된다. 탈무드에는 "아내가 없는 사람을 남자라고 부를 수 없다."라는 말까지 나온다.

탈무드에 나오는 성에 관한 일곱 가지 가르침을 살펴보자.

1. 성적 의무를 태만히 하는 사람은 죄를 범하고 있다.
2. 남편은 아내의 성적 욕망을 충족시켜주어야 한다.
3. 여자 쪽에서 성적 욕망을 밝히는 것은 좋은 일이다.
4. 성적 욕구는 여자 쪽이 더 강하다. 여자는 편안한 생활 속에서 성적으로 불만을 느끼기보다는, 가난한 생활일망정 성적 만족을 누리고자 한다.
5. 성행위를 할 때 여자가 먼저 절정에 이르러야 한다.
6. 여자가 깨끗한 날(월경을 하지 않는 날)에는 성행위를 언제 가져도 좋다. 몸의 어느 부분에 입을 대도 좋고, 어떤 체위라도 좋다.
7. 욕망을 느껴도 며칠인가는 참는 편이 좋다.

이 밖에도 탈무드에는 성에 대한 내용이 많다. 좀 길지만 인용해보기로 하자.

남편과 아내 사이에서 이루어지는 성행위는 성스러운

것이며, 좋은 일이라는 것을 알아야 한다. 그 누구도 성행위를 추하고 기피해야 할 일이라고 생각해서는 안 된다. 올바른 성행위에 대해 창세기에는 '안다'라고 쓰여 있다. 왜냐하면, 정자는 성스러운 것과 깨끗한 것이 깃들어야 될 지혜의 주머니(뇌수)에서 출발하는 것이기 때문이다(옛날에는 정자가 뇌수에서 만들어진다고 생각했다). 그래서 창세기에서는 성관계를 맺는 것을 '안다'라고 표현했다. 성스러운 토라(성경)를 이어받은 우리들은 하나님이 위대한 지혜에 따라 세계를 만든 것을 알고 있으며, 전혀 추하거나 수치스러운 것은 만드실 리가 없음을 알고 있다. **편역자 주** 성경에서 남자가 여자와 동침한다는 단어는 창세기 4장 1절에 처음으로 등장한다. "아담이 그 아내 하와와 동침하매 하와가 잉태하여 가인을 낳고 이르되 내가 여호와로 말미암아 득남했다 하니라"(창 4:1). 여기에서 '동침'이란 단어는 히브리어로 '야다', 영어로는 'knew'다. 한국말로는 '알았다'다. 따라서 부부관계를 뜻하는 '동침'은 '안다'가 된다.

만약 성행위가 꺼려야 할 것이라면 성기도 마찬가지로 혐오해야 할 것이다. 그러나 성기도 하나님께서 만드신 것이다. 만약 성기가 수치스러운 것이라면 하나님의 행위가

불완전했다는 말이 된다.

에덴동산은 완전한 세계였다. 그 안에서 아담과 이브는 "두 사람 다 벌거벗었지만 서로 부끄럽게 생각하지 않았다."고 한다. 그들에게 성기는 눈이나 손과 마찬가지로 몸의 다른 기관과 전혀 다르지 않았다. 그러나 두 사람이 나쁜 충동을 알았을 때에는 "그들은 자신들이 벌거벗은 것을 알았다." 편역자 주 '나쁜 충동을 알았을 때'란 아담과 이브가 선악과를 따 먹은 뒤, 즉 죄를 범하고 난 뒤를 말한다. "이에 그들의 눈이 밝아 자신들의 몸이 벗은 줄을 알고, 무화과나무 잎을 엮어 치마를 했더라"(창 3:7).

이 말을 손에 적용하면, 성경을 베낄 때 손은 칭송받고 명예를 받아야 한다. 아담과 이브의 성기도 마찬가지였다. 따라서 몸의 어느 기관이라도 인간이 좋은 행위를 했을 때에는 칭찬을 해야 하고 나쁜 짓을 했을 때에는 미워해야 한다는 것을 잘 알아야 한다.

그런데 남자는 지혜를 지배하고, 여자는 이해하는 마음을 지배한다. 그래서 완전한 성교는 두 사람의 정신이 고양(高揚)되는 것이어야 한다. 여기에 남자와 여자의 몸이 결합

되는 비밀이 있다. 반대로 두 사람의 정신이 고양되지 않는 성교는 피해야 된다. 그렇기에 남편은 아내를 중히 여겨야 한다. 편역자 주 여기서 고양(高揚)이란 정신이나 기분 따위를 북돋워서 높이는 것을 가리킨다.

남편과 아내가 성관계를 갖는 데 가장 권장할 만한 시간은 금요일 밤이다. 금요일 밤 식사가 끝난 뒤, 적어도 몇 시간이 지난 뒤가 좋다. 왜냐하면 식사가 끝난 바로 뒤는 섭취한 음식물을 소화시키느라 몸의 열이 높은 상태여서 정자가 깨끗하지 않기 때문이다.

또, 평소 남편은 너무 아내를 가까이하여 수탉이 암탉을 쫓듯이 해서는 안 된다. 너무 아내 가까이에서만 지내면 그의 힘이 약해지고 성욕도 감퇴하며, 성기뿐만 아니라 다른 기관도 쇠약해지기 때문이다. 성의 힘을 남용해서는 안 된다.

금요일 밤은 유대인들에게 성스러운 안식일이다. 성행위는 정신적인 고양을 수반하지 않으면 안 되기에 금요일 밤을 택한 것이다. 또, 성행위는 휴식을 겸해야 한다. 이때 남편은 아내에게 부드러운 목소리로 상냥하게 이야기를 해

야 한다. 행위도 말처럼 부드럽게 해야 한다.

아내에게 정신적, 육체적 기쁨을 안겨 주는 것은 남편의 의무다. 이러한 기쁨을 끌어내기 위해 말과 몸을 모두 부드럽고 상냥하게 이끌어가야만 한다. 사랑과 자유의사를 왜곡시킨 형태의 성행위는 성스러운 하나님의 뜻에 위배되는 것이다.

남편은 아내가 자고 있을 때 성행위를 하려 해서는 안 된다. 그리고 성행위를 하는 동안 하나님에게 경건한 것이 얼마나 칭찬받을 일인지, 명예로운 일인지, 또 토라의 좋은 학생임이 얼마나 바람직한 일인지, 두 사람이 하나님을 찬양하는 일에 대해 이야기를 나누어야 한다.

여기에서 보는 바와 같이 만약 성을 더러운 것이나 필요악으로 보았다면 성행위를 하면서 여자를 기쁘게 해야 한다거나, 성행위 전이나 후에 두 사람이 하나님을 찬양하는 대화를 나눌 것을 권할 수가 없다.

오늘날 정자가 뇌수에서 만들어지는 것이 아님은 우리는 잘 알고 있다. 그러나 남녀가 성관계를 맺는 일에 '안다'는 말을 쓴 것은 참으로 훌륭한 생각이다.

극단을 싫어하는 지혜

탈무드에 나타나는 유대인의 사고방식은 오늘날 보아도 지극히 개화된 것이다. 여자의 권리를 충분히 인정하는 점만 보아도 이미 옛날부터 여권 신장을 말하고 있었다고 해도 좋다.

탈무드는 아내가 성관계를 갖고 싶지 않을 때 남편이 억지로 성교를 강요하는 것도 강간에 포함시킨다. 동시에 성의 남용도 경고한다. 탈무드에는 "성은 강과 같다. 말라버려도 안 되고 범람해서도 안 된다."라고 하는 경구가 있다.

성과 돈은 비슷한 데가 있다. 누구든 그것을 원하지만 노골적으로 말하지 못한다. 유대인은 조크를 좋아하는데, 흔히 돈을 화장지에 비유한다. 전혀 없으면 정말 곤란하고, 그렇다고 지나치게 많으면 처치 곤란이다. 또, 돈은 강과

비슷하다. 물이 전혀 흐르지 않으면 사람은 살 수가 없고, 그렇다고 해서 너무 많이 흐르면 홍수가 난다. 이렇게 보아도 유대인이 인간에게 부여된 성적 충동을 부자연스럽게 억압하지 않음을 알 수 있다.

유대인은 금욕주의와 거리가 멀다. 가톨릭 신부는 평생 독신생활을 하지만, 유대교 랍비는 아내를 맞이한다. 최근에는 가톨릭교회에서도 규율이 완화되어 간혹 신부 중에 결혼하는 이가 있다. 역시 금욕주의가 인간 본래의 도리에서 벗어나기 때문일 것이다.

유대인은 성을 추잡한 것이라 하여 억제한다든가, 돈을 더러운 것이라고 물리치는 일이 없었으므로, 예를 들어 청빈(淸貧)이라는 말 자체가 존재하지 않는다. 그러기는커녕 가난한 것을 수치스러운 일이라 생각한다. 육체적 욕망이나 물질적 욕망을 필요 이상으로 회피하는 것을 어리석은 짓이라 간주하는 것이다.

그러나 금전이나 물질 또는 성은 결코 목적이 아니라 수단이다. 탈무드는 "돈은 기회를 늘려 준다."고 말하고 있다. 따라서 돈이나 성의 지배를 받고 사는 유대인은 아주 드물다. 술도 마찬가지다. 탈무드에는 "술은 인간의 뇌수를 활동적으로 만든다. 술을 한 방울도 입에 대지 않는 사람은 지혜의 문을 열 수 없다."라는 말이 있다. 그러나 최근 미국에서 실시한 조사에 따르면 유대인 알코올 중독 환자는 3천566명당 1명꼴이다. 한편 다른 종교는 5.9%라는 높은 비율을 보였다.

유대인이 극단적인 것을 싫어한다는 사실은 결혼관에도 잘 나타난다. 유대인 가운데에서 열렬히 연애해서 결혼하는 사람은 드물다. 탈무드는 "정열 때문에 결혼해도 정열은 결혼만큼 오래가지는 않는다."고 말한다. 또는 "사랑은 잼과 같다. 잼만 먹고서는 살아갈 수 없다."는 말도 있다.

어떤 의미에서 유대인의 결혼관은 동양인과 비슷한지도 모른다. 결혼은 연애의 종착역이라기보다 두 사람이 맺어진 뒤 가꾸고 키워 나가는 것이라고 생각한다.

여기에서 탈무드적 인간의 또 하나의 특징을 들 수 있다. 그것은 '분수(分數)를 안다'는 것이다. 좀더 어렵게 말하면 중용(中庸)을 중요시한다는 것이다. 탈무드에는 도를 넘어서서는 안 된다고 하는 경계의 말이 있다.

예를 들어 "세상에는 도를 넘으면 안 될 것이 여덟 가지 있다. 여행, 성, 부, 일, 술, 잠, 약, 향료"라고 하는 말이 있다. 또는 "평생 단 한 번 오리고기와 닭고기를 배불리 먹고 다른 날은 굶주리는 것보다, 평생 양파만 먹고 사는 편이 낫다."라는 말도 있다.

무리를 해서는 안 된다. 일시적으로 무리를 하기보다는 오랜 시간에 걸쳐서 만들어야 훌륭한 것을 만들 수 있다는 것이다. 이는 유대인이 현실적이라는 말과 같다. 유대인은 필요 없이 참는 것을 배척한다.

앞에서 말한 바와 같이 중요한 손님을 앞에 두고 용변을 보고 싶을 때 유대인은 개의치 않고 화장실로 간다. 요컨대 무리하지 않는 것이다. 더구나 그 이면에는 건강한 육체를 유지하는 것이 하나님에 대한 의무라고 하는 훌륭한 변명도 준비되어 있다.

생육하고 번성하라

탈무드적 인간은 가정을 소중히 여긴다. 그래서인지 탈무드에는 악처의 무서움을 설명한 부분이 많다. 또, 유대인은 결혼하면 반드시 부부가 독립해서 산다. 시부모와 며느리의 문제가 가정생활을 파괴할 수 있다는 것을 잘 알고 있기 때문이다.

성경이나 탈무드에 의하면 남자의 첫째 책임은 가정에 있다. 남자의 생애는 가정에서 시작된다고 할 수 있다. 인간의 책임은 첫째 자신의 건강을 유지하는 데 유의하고, 둘째 결혼하고, 셋째 자식을 낳고, 넷째 어린아이를 교육시키고, 다섯째 부모를 봉양하고, 여섯째 벗들과 친교를 맺고, 일곱째 선배에게 경의를 표하는 것이라고 생각했다. 여덟째가 사회에 대한 책임이다. 곧 일을 가져야 한다는 것이다.

탈무드에 나오는 위대한 랍비들도 거의 대부분 직업이 있었다. 고명한 랍비들이 생업을 가지고 있었다는 것은 경제적 자립이 인간의 존엄에 꼭 필요하며, 개인이 존엄을 확립하는 데 노동이 필요 불가결하다는 것을 뜻한다.

랍비 아키바는 장작을 모아서 파는 나무장수였다. 랍비 조슈아는 숯장수였다. 랍비 마이어는 서기였다. 랍비 호세 펜차라프타는 피혁상이었고, 랍비 조카난은 샌들을 만드는 신발 장수였다. 랍비 유다는 빵집을 했고, 랍비 아바사울은 밀가루 장수였다. 탈무드는 연구비를 받고 연구만 하는 성직자(聖職者)라는 존재 자체를 멸시한다. 인간 세계에 산다는 것의 가치를 강조하는 것이다.

아내나 어린아이를 중요하게 생각하는 것은 어느 세계에서나 공통적인 일이지만, 특히 하나님으로부터 "생육하고 번성하라."고 명령받은 유대인에게 결혼하고, 자식을 만들고, 자식을 교육하는 일이 무엇보다 중요하다는 것은 두말할 필요도 없다.

자신의 집이라고 하는 확고한 성(城)을 가지고 있지 않으면 자신을 충분히 표현할 수도 없다. 탈무드는 "가정은 가장 작은 사회의 단위다. 그곳에서 낙오되는 사람은 큰 사회에서 제대로 일을 할 수도 없고 큰 사회의 진정한 일부가 될 수도 없다."고 가르치고 있다.

동양에서는 직접적으로 표현하기 곤란한 말을 외국어를 빌려 표현하는 경우가 많다. 성을 섹스라 하고 자위행위를 마스터베이션이라고 하는 것과 같다. 이와 마찬가지로 자기 가정을 중요시하는 사람을 '마이홈주의자' 라고 말한다. 일보다 가정을 중히 여기는 것이 어쩐지 낯간지럽다는 생각이 작용하는 것 같다.

그러나 개인의 확립은 자신이 갖고 있는 것이 설사 작다 해도 그것을 중요시하는 데에서 시작된다. 가정은 그 가운데에서 가장 큰 것이다. 동양인들도 겉으로는 가정을 경시하지만 사실은 가정을 지극히 아낀다. 아내와 아이들을 소중히 한다는 점에서 결코 다른 민족에게 뒤지지 않는다. 그럼에도 불구하고 자신이 정말 아끼는 것을 아끼고 있다고 솔직히 드러내는 것을 꺼려하는 일종의 부끄럼병이 있다. 이래서는 자신이 정말 중요하게 생각하는 것을 표현할 수 없다.

동양인들은 지나치게 외부에 자신을 맞추려는 성향이 있다. 그러나 앞으로는 가정을 중히 여기고, 가슴을 펴고 공공연하게 그것을 말할 수 있는 사람이 힘을 발휘하는 시대가 될 것이다.

권위를 무너뜨리는 유머

　　　　　　　　유대인이 사용하는 말은 유대 어라고 하지 않고 히브리 어라고 한다. 서기 70년에 예루살렘이 멸망을 당하고 유대인이 전 세계로 흩어지면서 히브리 어는 성경을 쓴 언어로서, 또 기도의 언어로서 남아 있다. 유대인은 각각 흩어져서 자신이 머물고 있는 지방의 언어를

일상어로 사용하면서 살아왔다.

히브리 어가 다시 일상어가 된 것은 1948년 이스라엘이 재건국 된 이후부터다. 이스라엘은 공용어로서 히브리 어를 부활시켰다. 앞에서도 설명했듯이 '히브리'라는 말은 '강가에 서서 건너편 강가를 바라보다' 라는 의미다.

성경의 여호수아기에 이 말이 나온다. 여호수아는 모든 백성에게 말했다. "이스라엘의 하나님 주께서 이렇게 말씀하셨다. '당신의 조상들 아브라함과 나홀의 아비 데라는 옛 유프라테스 강 저편에 살고 있으며 다른 신들을 섬기고

있었다.'" 여기에서 '강 저편'이 '히브리'다.

성경에 '히브리'라는 말이 처음 나온 것은 창세기에서다. 창세기 14장 13절에 히브리 사람 아브라함이라고 나온다. 유대인의 시조, 최초의 유대인이라고 하는 아브라함은 강 건너편에서 온 사람이었던 것이다.

앞에서도 말했듯이 이것은 조금 거리를 두고 사물을 보라는 뜻이다. 그리고 또 다른 방법으로 보는 것이 중요하다. 이 태도야말로 발전을 가져오는 힘이다. 그래서 유대인은 대립되는 의견을 중요시했다.

어쨌든 이스라엘에서는 유대인이 세 사람 모이면 네 가지의 의견이 생긴다고 할 정도다. 어떤 경우에는 의도적으로 다른 시각에서 사물을 보려고 노력한다. 발상법으로서 이런 태도는 중요하다. 탈무드는 유대인이 5천 년에 걸쳐서 이와 같은 발상법을 터득했음을 서술하고 있다.

탈무드적 인간에게는 고집스럽다든가 지독하게 고지식한 것이 용납되지 않는다. 탈무드적 인간은 무엇보다도 놀이를 중요시한다. 그래서 탈무드적 인간의 마지막 중요한 조건은 유머를 이해하고 스스로 유머를 발상하는 것이다.

고지식한 인간 세계에서 유머는 천박한 것으로 간주된다. 권위에 도전하는 유머는 위험하기 때문이다. 그러나 유대인의 세계에서는 유머가 아주 높은 지위를 차지하고 있다. 형식주의나 권위주의를 비웃는 것은 탈무드적 인간의 필수 조건이다.

제3장
탈무드적 인간의 조건
Talmud

— 뛰어난 균형감각과 독창성 —

과거에서 배운다

여기 유대인 망명자 두 사람이 있다. 둘 다 주머니에 동전 한 닢 없는 알몸으로 고향에서 쫓겨나 미국으로 건너왔다. 그리고 둘 다 미국 정부의 장관이 되었다. 한 사람은 재무장관을 지낸 마이클 블루멘솔이다. 그는 나치 독일에 쫓겨 배편을 이용하여 중국 상하이로 도망쳤다가 당시 일본 정부의 보호를 받아 미국으로 건너갈 수 있었다.

또 한 사람은 헨리 키신저다. 키신저 일가도 나치에 의해 독일에서 쫓겨나 무일푼으로 미국에 도착했다. 그리고 잘 알고 있는 것처럼 키신저는 하버드 대학 교수가 되었고, 대통령 특별보좌관을 거쳐 국무장관이 되었다.

망명자가 장관이 된다는 것은 대단한 일이 아닐 수 없

다. 두 사람은 모두 탈무드적 발상의 철학을 간직하고 있었다. 이 탈무드적 발상이야말로 두 사람의 성공을 가능하게 했다고 할 수 있다.

탈무드적 발상의 밑바닥에는 동전의 앞뒷면처럼 현재의 이면에는 과거가 있다는 철학이 있다. 미래와 현재는 앞면과 뒷면의 관계다. 아무리 어두운 경우라도 밝은 면이 있으며, 밝은 경우에도 부분적인 어두움이 있다고 본다.

요컨대 모든 사물, 모든 문제에는 언제나 두 가지 면이 있다. 탈무드에서 돈에 대해 언급한 가운데에는 "돈(동전)은 사람들 사이를 굴러다니니까 둥글다."라고 하는 격언이 있는 동시에 "모든 사물은 동전과 같이 두 면(표리, 表裏)이 있다."라는 말도 있다. 이 표리라는 사고방식을 시간의 문제에 적용시키면 어떻게 될까? 과거와 현재, 미래가 된다.

또, 탈무드에는 "배의 노를 저어 앞으로 나아가려면 뒤를 보고 앉아야 한다."는 말도 있다. 전진을 위해 과거에서 배우라는 교훈이다.

탈무드적 발상을 실천한 한 사나이를 소개하겠다.

영국의 하층 계급에 속하는 생활을 하던 유대인 일가가 있었다. 이 일가는 동유럽의 포그롬에서 박해를 피해 이주해 왔다. 양친은 손수레에 잡화를 싣고 끌고 다니면서 행상으로 생계를 이어갔다.

이 집에는 아이가 11명이나 있었다. 특히 열째 아들은 머리가 아주 좋고 활력이 넘쳤다. 하지만 학교 성적이 나빠서 다른 학교로 옮겨도 늘 성적이 뒤처졌다. 아이의 머리는 나쁘지 않았지만 학교의 수업방식에 적응하지 못한 탓이었다.

이와 관련해서 비슷한 예로 아이슈타인이 있다. 그 또한 유대인이다. 천재의 대명사가 된 그도 학교에서는 항상 낙제점에 가까운 점수를 받았다. 틀에 박힌 학교 규칙에 적응하지 못한 사람 중의 한 사람이었을 것이다. 만약 아인슈타인이 평범하고 성실한 학생이었다면 훗날 그처럼 위대한 업적을 내지는 못했을 것이다. 아인슈타인이 초등학교 1학년 때 담임인 여교사가 성적표에 다음과 같이 기록했다.

"이 아이가 장래에 성공한다는 것은 절대 있을 수 없는 일이다."

세계의 교육사(敎育史)에 이처럼 평가를 잘못한 사람도

없을 것이다. 이 에피소드는 고정화된 생각에서는 위대한 것이 생길 수 없음을 말해준다.

다시 런던의 유대인 일가의 열째 아들 이야기로 돌아가자. 그 아이가 고등학교를 졸업하자 아버지는 아들에게 선물을 주었다. 유대인들은 한 시기를 매듭지을 때 반드시 선물을 하는 습관이 있다. 아버지의 축하 선물은 아시아로 가는 배의 3등 선실 표 한 장(편도)이었다. 그러면서 아버지는 아들에게 두 가지 조건을 달았다. 하나는 금요일 사바스가 시작되기 전에 반드시 어머니에게 편지를 쓰라는 것이었다. 그것은 어머니를 안심시키기 위해서였다. 둘째, 아버지 자신도 나이를 먹었고, 또 10명의 형제자매가 있으므로 집안 살림에 도움이 될 만한 일을 여행 중에 생각해주기 바란다는 것이었다.

아들은 18세의 나이로 런던에서 혼자 배를 타고 인도, 태국, 싱가포르를 거쳐 아시아의 끝으로 향했다. 도중에 아무 데에서도 내리지 않고 배의 종착점인 일본 요코하마까지 곧바로 갔다. 1880년대의 일이었다.

그의 재산이라곤 주머니에 있는 5파운드가 전부였다. 5

파운드라야 오늘날 10만 원 정도밖에 안 되는 돈이었다. 일본에 아는 사람도 없고 기거할 집도 없었다. 당시 일본의 외국인들은 요코하마와 도쿄 등지에 사는 수백 명에 불과했다.

그는 소난(湘南)의 해안에 도착해서 금방 주저앉을 것 같은 빈 판잣집으로 기어 들어가 처음 며칠을 지냈다. 거기에서 그가 이상하게 여긴 것은 매일 일본인 어부들이 와서 물가의 모래를 파는 모습이었다. 눈여겨보았더니 모래 속에서 조개를 캐고 있었다. 직접 손에 쥐어 보니 굉장히 아름다운 조개였다.

그는 이런 조개를 여러 가지로 가공하거나 손을 대면 단추라든가 담배 케이스 등 아름다운 상품이 되지 않을까 생각했다. 그래서 자신도 열심히 조개를 줍기 시작했다. 이후 조개를 가공해서 영국으로 보내면, 아버지는 이것을 손수레에 싣고 런던 거리를 다니며 팔았다. 당시 런던에서는 조개장식을 진기하게 여겨 날개 돋친 듯이 팔렸다.

얼마 후 아버지는 행상을 그만두고 조그마한 가게를 얻었다. 그 다음 가게는 2층 집이 되고, 다음에는 3층 집이 되었다. 그리고 런던의 빈민가인 이스트엔드에 있던 점포를 웨스트엔드로 옮겼다. 조개껍질을 밑천으로 시작한 장사는 나날이 번창했다.

그 사이 아들은 일본에 머물면서 상당히 큰돈을 모았다. 이 청년의 이름은 마커스 사무엘, 히브리어 이름으로는 모르데카였다. 그 무렵 전 세계의 비즈니스맨들 사이에서 가장 큰 화제는 석유였다. 때마침 내연기관(內燃機關)이 등장했고, 석유 수요가 급증하고 있었다. 록펠러가 석유 왕이 된 것도 이 시대였으며, 러시아 황제도 시베리아에서 석유를 탐사케 하고 있었다.

조개껍질 장사로 크게 성공한 사무엘도 석유 채굴에 눈을 돌려 1만 파운드를 자본금으로 새로운 계획을 세웠다. 그 자신은 석유에 대한 지식이 전혀 없었지만, 다른 사람들과 상의하여 인도네시아 근처라면 석유가 나오지 않을까 생각하고 인도네시아에서 석유 탐사를 시작했다. 육감이 들어맞았던지 아니면 행운이었던지 어쨌든 인도네시아에서 석유를 채굴할 수 있었다.

당시 인도네시아는 석유를 난방용으로 쓸 필요도 없고,

또 어두워진 뒤에도 계속 활동하는 생활을 하지 않았기에 인도네시아 안에서는 석유를 팔 데가 없었다. 그래서 그는 라이딩선 석유 주식회사를 설립하여 일본에 석유를 판매하기 시작했다. 그 무렵 일본에서 석유로 난방을 하거나 조명을 밝히는 것은 혁명적인 일이었다. 이 장사도 역시 대성공을 거두었다.

그러나 인도네시아에서 일본까지 석유를 어떻게 운반하느냐가 관건이었다. 처음에는 2갤런들이 깡통으로 운반했는데 원유를 운반하다 보면 선박이 더러워져서 운반 후 씻는 일이 큰 문제였다. 또, 화재 위험도 커서 선박회사들이 원유 운반을 꺼려했다. 운반한다 해도 운반비가 엄청나게 많이 들었다.

그래서 사무엘은 연구 끝에 세계 최초의 유조선을 고안했다. 그 다음 세계 최초의 유조선 선주가 되었다. 자기 소유의 유조선마다 일본의 해안에서 캐낸 조개의 이름을 붙였다. 이 일에 대해서는 그 자신이 다음과 같이 기록하고 있다.

　　나는 가난한 유대인 소년으로서 일본의 해안에서 혼자

▌셸사의 조개 로고 – 셸사의 로고가 조개가 된 것은 창업자 사무엘의 경험에서 비롯되었다.

▌셸 석유회사 창업자인
유대인 마커스 사무엘(Marcus Samuel)

조개를 줍고 있었던 과거를 결코 잊지 않는다. 그 덕분에 오늘날 백만장자가 될 수 있었다.

그의 석유 사업이 성공할수록 영국인들 사이에서는 유대인이 석유업계를 좌지우지하고 있다는 데 대한 반발이 커졌다. 마침내 그는 이 회사를 팔지 않을 수 없었다. 당시 영국은 대해군(大海軍) 함대를 가지고 있었고 사무엘은 그 함대에 석유를 공급하고 있었다.

사무엘은 회사를 팔 때 몇 가지 조건을 내세웠다. 하나는 소액주주라도 반드시 그의 핏줄인 사람이 회사 간부가

될 것, 이 회사가 존속하는 한 조개를 상표로 할 것 등이었다. 그는 항상 자신의 과거를 기념하고 싶었던 것이다. 이 조개 마크를 붙인 석유회사가 바로 전 세계 어디에서나 볼 수 있는 셸 석유다.

사무엘도 블루멘솔도, 키신저도 탈무드에서 인생을 참되게 사는 지혜와 용기를 배웠고 이것을 자신의 것으로 만들어서 탈무드적 발상을 할 수 있었다. 특히 사무엘의 인생에는 오늘날 동양의 샐러리맨들이 배워야 할 시사적인 교훈이 내포되어 있다.

오늘날을 불확실성의 시대라고 하는데, 이 불확실성은 과거와 현재 사이에 올바른 균형이 잡히지 않고 있는 데에서 온다. 자신의 과거는 사무엘뿐만 아니라 누구에게나 큰 자산이 된다. 그리고 미래는 누구나 잘 모르기에 자신의 과거에 대해 자신을 가져야 한다. 앞으로 어떤 상황에 처하더라도 이제까지 걸어온 과거 속에서 자신과 긍지를 발견하고, 그것을 의지한다면 살아 나갈 수 있기 때문이다.

이것은 중론(衆論), 곧 다수의 의견이 반드시 옳은 것은 아니라는 점을 말해준다. 설사 단 한 사람이라도 자신이 옳으면 옳다는 자신을 가져야 한다. 여기에서 독립된 개체로서의 신선한 발상이 나온다.

유대인에게는 적이 많다. 이것은 유대인 개개인의 탓이 아니다. 따라서 유대인은 만약 주위 사람이 적이 된다 해도 자기 탓이라고 생각하지 않는다. 그들이 그러한 태도를 취하는 것은 그들의 문제이지 자기 문제는 아니라고 명쾌하게 결론짓는다. 자신은 언제나 옳고 믿을 것은 자신밖에 없다고 생각하며 늘 자신을 중심에 둔 생활을 한다.

반면 동양인들은 고독에 빠져 있다. 집단으로 일을 하는 것처럼 보이지만 사실은 자신이 없고, 고독하며, 언제나 초조하다. 담배를 피우는 모습, 술을 마시는 법, 또는 노래 부르는 모습을 보면, 그런 행위를 통해 고독이나 초조감을 해소시키기보다는 균형을 잃고 비틀거리고 있는 것처럼 느껴질 때가 많다. 이는 동양인들이 자기중심의 생활을 하지 못하고 생활 안에 균열이 생기고 있기 때문이라 하겠다.

이런 방식으로 살아 나가면 긍지와 맞서는 용기, 또는 기회를 잡고 과감하게 자신을 주장하고, 그것을 내 것으로 만드는 대담성을 가질 수 없다. 유대인들은 유대민족의 위

대함을 기술한 탈무드를 열심히 탐독하며 유대인으로서의 자신감을 키워간다.

훌륭한 고전이나 문학이 비즈니스의 측면에서 기지를 키우는 데 도움이 되는 것만은 아니다. 비즈니스란 원래 인간사회에서의 승부이므로 먼저 개체로서 자신을 확립시킬 필요가 있다. 조용한 자신감은 언젠가 겉으로 드러나는 법이다. 그러려면 한 민족으로서 갖고 있는 전통을 확실하게 배우고, 거기에서 민족의 긍지를 이해하여 스스로 자랑할 만한 인간이라는 자신감을 확립해야 한다. 그러면 그것이 저절로 비즈니스에서 필요로 하는 재치와 결부될 것이다.

두 마리 토끼를 쫓아야
한 마리라도 잡는다

탈무드적 인간이란 어떤 형의 인간을 말하는 것인지 다시 한 번 열두 가지 항목으로 정리해보자.

1. **늘 배워라.** 그렇다고 수동적으로 습득하는 자세를 취해서는 안 된다.
2. **자주 질문하라.** 이것은 결코 다른 사람에게 질문하는 것만을 말하는 게 아니다. 항상 호기심의 불꽃이 꺼지지 않게 하고, 책을 읽을 때에나 혼자 눈을 감고 생각에 잠겨 있을 때에도 질문을 계속하는 습관을 가지라는 것이다.
3. **권위를 인정하지 마라.** 사물에 대해서 항상 의심하라. 모든 발전은 권위를 부정하는 데에서 출발한다. 사람은 쉽게 인정하지 않는 오만한 데가 있어야 한다.

4. 자신을 세계의 중심에 두어라. 이것은 타인을 경멸하라는 말이 아니다. 자신을 소중하게 여기는 사람은 다른 사람도 소중하게 대한다. 그리고 이제까지 세계의 모든 발전은 자신을 존중하는 사람에 의해서 시작되었다.

5. 폭넓은 지식을 가져라. 자신이 받아들인 갖가지 지식은 저절로 상호간에 작용해 풍성한 연상력을 길러내고 육감을 날카롭게 한다.

6. 실패를 두려워하지 마라. 실패를 좌절이라고 생각해서는 안 된다. 그 이면에는 성공이 깃들어 있다. 성공과 실패는 동전의 앞뒷면이다. 그리고 실패한다면 그만큼 성공에 가까워졌다고 생각해야 된다.

7. 현실적이어야 한다. 될 수 있는 한 자연스럽게 살아야 된다. 가능성과 함께 한계를 알아야 한다. 사람은 하늘과 땅에 동시에 속해 있는 존재다. 어느 한쪽에 속하려고 해서는 안 된다. 무리를 해서는 안 된다.

8. 낙관적이어야 한다. 내일이란 새로운 발전을 써넣어야 할 백지와 같다. 자기 내부에도 언제나 흰 종이가 마련되어 있다. 여유를 갖고 그 백지를 메워 나가라.

9. 풍부한 유머를 가져라. 웃음은 의외성에서 시작된다. 사물에는 항상 뜻밖의 또 한 가지 견해가 있다.

10. 대립을 두려워하지 마라. 발전은 대립에서 생긴다. 자기 견해에 찬성하지 않는 사람도 소중히 여겨야 한다.

11. 창조적인 휴일을 보내라. 인간의 진가는 어떻게 휴일을 잘 보내느냐로 가늠할 수 있다.

12. 가정을 소중히 하라. 집은 자신을 키우는 성(城)이다. 자신을 중심으로 한 생활을 영위하려면 자신의 성을 소중히 해야 된다.

동양에서도 탈무드적 인간의 성공사례는 많을 것이다. 다만 탈무드적 인간이 호감을 얻기는 어려웠을 것이다. 그래서 설령 성공했다 하더라도 탈무드적 인간은 조직 안에서 자신이 그렇다는 사실을 숨긴다. 조직은 종래에는 조직의 부품이 될 수 있는 인간을 환영했기 때문이다.

어떤 기업들은 군대와 비슷하다. 군대는 지성적인 인간을 싫어한다. 부서에서 주어진 업무에 정통한 사람이 높이 등용된다. '불필요한 지식'을 갖고 있거나, 또는 비판적인 인간은 제재를 당한다. 즉 단세포적인 사람이 환영을 받는다.

그러나 탈무드적 인간은 자기 자신이 하나의 조직이다. 여러 가지 다양하고 이질적인 생각을 많은 서랍에 넣어 두고, 상황이 변하면 그 상황에 맞추어 서랍을 연다. 열 개의 서랍을 가지고 있는 사람이 종래의 조직적 인간이라면, 탈무드적 인간은 수천 개의 서랍을 가지고 있다.

자기 안에 많은 아이디어를 가지고 있으면 그 아이디어가 서로 경쟁을 한다. 무의식중에 서로 경쟁을 하고, 서로 부딪쳐서 그 결과로 새로운 발상이 나타난다. 탈무드적 인간에게는 가지고 있는 지식이 많으면 많을수록 좋다. 지식은 무엇이든 사용하기 나름으로 매우 중요한 것이다.

또, 탈무드적 인간은 자신의 전문분야를 가지고 있어도 그것이 유일한 분야인 것은 아니며 여러 가지 분야에 호기심을 갖는다. 그것은 하나의 분야란 대학이나 연구소에서 편의적으로 그은 선에 불과하기 때문이다. 현실의 세계는 결코 그렇게 단순하지 않다. 현실의 세계는 좀더 많은 여러 가지가 상호 관련을 갖는 복잡한 세계다.

동시에 두 가지 이상의 일에 관심을 갖는다는 것은 단지 지식의 양을 증가시킨다는 뜻만은 아니다. 호기심을 한층 더 왕성하게 하고 날카롭게 하는 데 도움이 된다. 이 경우 두 가지 분야가 이질적일수록 상호 자극하는 효과가 크다. 두 가지보다는 세 가지, 세 가지보다는 네 가지가 더 좋다. 자신 안에 두 사람 이상의 자신을 육성해야 한다.

탈무드적 인간은 다양하고 다채로운 인간이다. 특히 오늘날과 같이 사회가 다양화되고 모든 사상(事象)이 상관관계로 파악될 수 있어 종합적인 지식이 요구되는 시대에는, 설령 지금까지는 자신이 관심을 갖지 않았던 분야까지도 음미해볼 필요가 있다. 그러다 보면 의외의 호기심 때문에 자기 분야가 또 하나 더 늘어날지도 모를 일이다. 그러므로 새로운 분야를 경험해보는 것이다.

"두 마리의 토끼를 쫓다가 한 마리도 잡지 못한다."는 말이 있으나, 오늘날에는 "토끼 한 마리를 쫓는 사람보다는 두 마리, 네 마리를 쫓는 사람이 한 마리의 토끼라도 얻을 확률이 높다."고 바꾸어 말해야 될 것이다. 탈무드적 인간은 항상 동시에 두 마리 이상의 토끼를 쫓아 왔다.

그러나 얄팍한 지식의 소유자로 그쳐서는 안 된다. 무엇

이든 남김없이 알고 있다는 데 안주해서는 안 된다. 역시 몇 가지 분야에 대해서 꽤 깊은 관심을 갖고, 상당한 지식을 쌓아야 한다. 수동적으로 흡수한 지식의 양이 많다고 재치가 생기는 것은 아니다. 자기 스스로 구하고, 자기 나름대로 해석하는 것이 중요하다.

폭넓게 많은 지식을 갖고 있는 사람을 팔방미인이라고 하며 경멸한 것은 지금까지 대학을 지켜 온, 머리가 굳어버린 학자들이었다. 자신을 지키기 위해 그렇게 해 온 것이다. 그런데 역사상 뛰어난 학자를 살펴보면, 한결같이 다방면의 대가들이다. 게다가 그들은 뛰어난 직관력을 가졌다.

탈무드적 인간에게 빼놓을 수 없는 것은 날카로운 직감이다. 직감이란 선천적으로 갖추어져 있는 것이 아니다. 자신 안에 축적해놓은 풍부하고도 이질적인 지식이나 아이디어가 무의식중에 서로 부딪치고 경쟁을 하여 훌륭한 발상으로 튀어나온다. 글자를 모르는 문맹자 가운데에도 날카로운 직감을 가진 사람이 있다. 이러한 사람들은 지적 직감이 뛰어난 탈무드적 인간과 공통점이 있다. 그런 사람은 비유적으로 '서랍'을 많이 갖고 있다. 학교교육을 전혀 받지 않았는데도 생활 속의 갖가지 장면에서 직감이 좋다면, 나름대로 풍부한 인생 체험을 쌓고 있는 사람이다. 체험이라고 하는 서랍이 없는데도 직감이 뛰어나다는 것은 있을 수 없는 일이다.

그와 마찬가지로, 될 수 있는 한 많은 지식이나 아이디어를 가진 사람은 날카롭게 갈고 닦은 직감을 갖출 수 있다. 그리고 새로운 문제가 일어나도 곧 자기 안에서 해결의 실마리를 찾아낼 수 있다.

이를 비유해서 말하면 지식이나 아이디어가 축적된 서랍을 많이 가진 사람은, 자기 안에 세금 없는 자유 시장을 설치하고 있는 것이나 마찬가지다. 지식이나 아이디어는 상품과 같아서 서로 경쟁한다. 그 결과 좋은 것이 나쁜 것을 쫓아내버린다. 또, 지식이나 아이디어가 적은 사람은 시장에 내놓을 게 빈약한 것과 같다. 경쟁이라는 것이 없어지면 활동도 저조해진다.

이런 경우 유연한 정신을 가지고 있느냐 없느냐는 중요한 열쇠다. 이 책에서 나는 유대인은 '고지식한 것'을 배척한다고 강조해 왔다. 고지식하다는 것은 편협(偏狹)하다는

것과 다르지 않다. 따라서 경직된다. 아무리 지식이 자기 안에 축적되어 있어도 고지식하면, 통제경제를 자신 속에서 실시하고 있는 것이나 마찬가지다. 그리고 자기 안에서 지식이나 아이디어가 자유 경쟁을 하는 일이 없어지면, 고지식한 것은 광신(狂信)으로 이어진다.

오래된 지혜, 성경과 탈무드

탈무드적 인간은 지극히 현실적이다. 이 세상에서 일어나는 일을 모두 현실로서 받아들인다. 따라서 성공했다고 해서 교만하지 않으며, 실패했다고 해서 좌절하지도 않는다. 이러한 일은 여러 가지 생활면에서 나타나고 있다.

예를 들어, 유대인은 식사를 하기 전에 반드시 손을 씻는다. 경건한 유대교인의 집에 점심이나 저녁식사 초대를 받으면 손님도 주인과 함께 열을 지어 세면대에 가서 손을 씻어야 한다. 이러한 광경을 보고 유대인이 아닌 사람들은 흔히 유대인은 마치 어린아이 같다고 비웃는다. 그러나 이것은 역사를 통해 유대인이 획득한 위생관념의 한 표현일 뿐이다. 편역자 주 유대인이 빵을 떼기 전 손을 씻는 것은 빵이 제물을 상

징하기 때문이다. 《IQ는 아버지 EQ는 어머니 몫이다》(현용수, 쉐마, 2005), 제1권 제3부 제4장 I, 2. '식탁은 제단을 상징한다' 참조.

유대교의 특징 중 하나가 위생을 중시하는 것이다. 구약 성경이나 탈무드에도 위생에 대한 상세한 지시사항이 나온다.

유대인 중에는 화장실에 가기 전에 손을 씻는 사람이 많다. 자신의 귀중한 곳을 만지게 되므로 갔다 나온 뒤에 씻는 것보다 가기 전에 씻는 것이 더 합리적이라고 생각하는 것이다. **편역자 주** 자신의 귀중한 곳'은 성기를 뜻한다. 그들이 성기를 중요하게 생각하는 이유는 이를 통해 하나님의 형상을 닮은 자녀를 낳을 수 있기 때문이다. 더 자세한 것은 《잃어버린 지상명령 쉐마》(현용수, 쉐마, 2006), 제2권 제4부 제1장 II. "자녀 생산은 '말씀 맡은 자'의 번성이다" 참조.

유대인은 세계를 있는 그대로 받아들인다. 그러므로 고지식한 것이나 광신을 싫어한다. 현실주의라는 것은 유대인들에게 큰 힘이 되었다. 이와 같은 힘은 도대체 어디에서 온 것일까? 역시 과거를 과거로 묻어버리지 않고 거기에서 얻은 지혜가 큰 힘이 되었다. 다른 민족은 모두 과거를 과거로 묻어버린다. 기독교인은 신약 성경이나 구약 성경이

지나가버린 시대의 단순한 기록에 지나지 않는 것으로 간주한다. 한국에서도 《삼국유사》나 《삼국사기》와 같은 고전이 과거의 것일 뿐이라고 생각해 온 것은 아닐까.

그런데 유대인에게 성경이나 탈무드는 방금 배달된 신문처럼 늘 새롭다. 신간 서적과 같을 정도로 현실적인 성격을 지니고 있다. 성경 시대에 살았던 사람들도, 오늘날의 사람들과 크게 다를 바 없다. 유대인들은 전통을 확고히 지켜 온 만큼 과거의 인간도 생생한 모습으로 파악한다.

그리고 선조들의 체험에서 많은 것을 배울 수 있다고 생각한다. 수백 명의 사람을 싣고 불과 5~6시간 만에 태평양을 횡단하는 점보 여객기나, 1만 명의 수학자가 수백 년씩 씨름해도 풀지 못했던 계산을 눈 깜짝할 사이에 완성해버리는 컴퓨터가 등장해도 현실에 살고 있는 인간은 조금도 변하지 않는다.

그래서 수천 년에 걸쳐서 기록되어 있는 인간의 행동양식, 사물에 대한 사고방식, 반응, 기쁨이나 슬픔·고생·성공 등과 같은 것을 배움으로써 인간이란 도대체 어떤 존재일까 하는 전체상(全體像)을 얻을 수 있으며 능력과 가능성과 한도를 알 수 있다고 생각한다. 그렇다고는 하지만 유대인은 거기에서 불교의 경우처럼 무상관이라든가 고제(苦諦:현세의 삶은 고통이라는 진리)를 끌어내는 것은 아니다. 인간의 생긴 그대로의 모습을 알고 거기에서 힘을 발견한다. 탈무드는 인간의 확립에 대한 하나의 연구서라고도 할 수 있을 것이다.

언제나 4월 같은 마음

　　　　　　　　　탈무드적 인간은 멋진 발언을 중시한다. 그런 사람은 회의석상에서도 반드시 발언하기를 원하며 사람들 또한 그의 발언을 기대할 것이다. 이들은 직감이 발달하고 머리 회전이 빠르며 지혜로운 사람들이다.

또, 탈무드적 인간은 사람들을 좋아한다. 위트가 있고, 고지식하지 않으며 그렇다고 해서 불성실하지도 않다. 게다가 해박한 지식을 가지고 있을 뿐 아니라 항상 호기심에 차 있으므로 이야기를 나누는 상대도 즐겁다. 그리고 늘 상대를 존중하므로 좋은 상담역 내지는 이야기 상대가 될 수 있다. 자신의 지식이나 재능을 자랑하며 상대를 압도하려고 하지 않기 때문이다.

경건한 유대교 남성은 머리에 '키파'라고 하는 작고 둥

근 모자를 쓴다. 쓰고 있다기보다는 얹어 놓았다는 편이 맞다. 가톨릭교의 로마 교황이나 추기경이 쓰는 것과 같은 모양으로 이스라엘에 가면 이 모자를 쓴 사람이 많다.

개중에는 이것을 쓴 채 오토바이나 스쿠터를 타고 다니기도 한다. 바람에 날리지 않는 것을 두고 하나님의 기적이라고 하는데, 실은 작은 핀으로 꽂아 놓는다. 키파를 머리에 얹어 놓는 이유는 자신보다도 높은 분(하나님)이 있다는 것을 상기하기 위해서다. 이것은 하나님 앞에서 항상 겸손하라는 것을 가르쳐주고 있다.

탈무드적 인간은 설사 키파를 쓰고 있지 않더라도 언제나 머리 위에 보이지 않는 키파를 얹어 놓고 있어야 한다. 겸손은 자기 부정과 전혀 다르다. 자기 것을 확고히 가지고 있지만, 자신의 부족함을 늘 지각하고 있으며, 타인의 지혜로 자신의 부족함을 보완하려고 하는 것을 말한다. 따라서 겸손한 사람은 절대로 자신을 낮추거나 비굴해지지 않으며 자신을 귀중하게 여기기에 상대를 존중한다.

겸손은 인간관계의 윤활유다. 언제나 자신보다도 큰 것이 존재한다는 것을 잊어서는 안 된다. 어떤 천재라도 일생

에 어딘가 결함이 있으며 완전한 인간은 절대 없다. 그러나 완전하지 못하다는 것을 알면서도 완전한 것에 홀려 거기에 접근하려고 노력한다. 그렇게 함으로써 인간은 향상되어간다. 이스라엘은 중동 지방에 있는 사막의 나라다. 랍비 사캐야는 다음과 같은 아름다운 말을 남기고 있다.

> 사막을 여행하는 자는 별에 인도되어 앞으로 나아간다. 바로 별을 향해서 걸어 나간다. 별에 도달하는 일은 없지만, 별에 가까워짐으로써 목적지에 닿게 된다. 사람이 각자 내세우는 이상은 별과 같은 것이다.

인간은 불완전함을 알고 있으므로 늘 향상을 추구한다. 탈무드적 인간이 사람들로부터 신뢰를 받는 것은 자신을 갖고 있기 때문이다. 누구에게 영합하려 들지 않으며 부탁을 받아도 아무 일이나 떠맡지는 않는다. 무슨 일이든 떠맡는 사람은 무책임한 사람으로 '예'와 '아니오'를 확실히 잘라 말할 수 없는 사람이다. 물론 자신이 필요하다면 적극적으로 동정해서 도와준다.

"무엇을 보아도 웃지 않는 인간과, 무엇을 보든 웃는 인간은 경계해야 한다."(탈무드)는 말에서처럼 '아니오'만 해서도 안 되고, '예'만 해서도 안 된다.

동양에서는 부탁을 받으면 여간해서는 싫다고 하기 어려운 분위기다. 서양인들처럼 '예'와 '아니오'를 확실히 잘라 말하면 사귀기 어려운 사람이라는 평가를 받는다. 그러나 이제는 주위에 '영합하는' 시대에서 '자기중심'의 시대로 바뀌고 있다. 하지만 자신이 필요해서 베푸는 동정심은 동서를 불문하고 상대에게 통하는 법이다.

사람들이 탈무드적 인간을 좋아하는 것은 엄격하면서도 살아 있는 것을 즐기기 때문이다. 명랑함은 우울함과 같이 전염된다. 하나님이 만든 세계는 본래 좋은 세계다. 그러므로 좋은 것을 즐기는 것은 의무이기도 하다. 따라서 좋은 경치, 음악, 술, 요리 같은 것에도 세련된 기호를 가지고 있어야 한다. 이러한 일에서 수동적이어서는 안 된다. 지적 호기심은 모든 것에서 작용한다. 즐거움을 구하는 마음을 잃어서는 안 된다.

탈무드적 인간은 젊음을 잃는 일이 없으며 계절로 말하

면 항상 4월에 살고 있다. 4월의 이 세계는 향긋한 푸르름으로 충만하다. 푸른색은 '가시오(GO, 통과)'의 신호이기도 하다. 탈무드적 인간의 삶은 언제나 청춘이다. 나이에 관계없이 어딘가 봄을 느끼게 하는 인간인 것이다.

이 글을 쓰고 있는 사이에도 창밖은 비에 젖어 정원이 흐릿하게 빛나고 있다. 하지만 언젠가는 갤 것이다. 그러면 창밖은 밝게 빛나리라. 밝은 날도 있고 어두운 날도 있다.

탈무드는 모든 것에 두 가지 면이 있으므로 자신의 성공에 도취되는 일도, 다른 사람의 성공을 시기하는 일도, 또는 타인의 실패에 기뻐하고, 자신의 실패에 좌절하는 일이 있어도 안 된다고 가르친다.

탈무드적 인간은 포용력을 가지고 있으며 너그럽다. 이러한 인간이야말로 호감을 얻는다. 그리고 항상 유머로 괴로움을 감쌀 수 있다. 인생은 일면에서는 희극으로 받아들여지지만 좀더 구별하자면 생각하는 사람에게는 희극이며, 느끼는 사람에게는 비극인 듯이 비친다. 웃음의 정신과 포용력은 하나다.

그리고 무엇보다도 탈무드적 인간은 자신과 공존할 수

있다. 자신과 사이좋게 지낸다는 것은 누구에게나 상당히 어려운 일이다. 자신과 화해해야 비로소 외부에 효과 있게 대응할 수가 있다. 그러려면 자신과 어울려야 된다. 그리고 내부의 자신을 가볍게 보아서는 안 된다.

아마 독자가 각자 상상하는 것보다도 내재(內在)하는 자신은 탈무드적인 지적 생활을 더 기꺼이 받아들일 것이다. 시험해보기 바란다.

제4장

유대 5천 년의 예지
Talmud

― 인간의 본질을 통찰한다 ―

지혜로운 자의 책임

탈무드는 책에 대해 다음과 같이 쓰고 있다.

1. 책을 쓸 능력이 있는데도 쓰지 않는 사람은 귀중한 자식을 잃은 것이나 마찬가지다.

2. 책을 쓰는 사람은 그 책이 인간의 생활에 쓸모가 있는가, 없는가를 잘 음미해야 한다.

3. 책을 쓰는 사람은 그 책이 다른 사람의 생각을 단지 메아리처럼 옮기는 것이 아니라, 자기 자신의 새로운 생각을 내어놓는 것임을 음미해야 된다.

4. 책을 읽는 사람도 이 세 가지 교훈을 지켜야 한다. 책을 갖고 있는데도 읽지 않는 사람, 책에서 사회에 유익한 교훈을 끌어내지 못하는 사람, 책을 읽고 자기 생각을 도출

해내지 못하는 사람은 귀중한 세 아이를 잃은 사람과 같다.

말이 갖고 있는 힘은 참으로 크다. 당신이 악몽을 꾸다가 깨어나서 세 사람에게 그 꿈 이야기를 했다고 하자. 그 이야기를 들은 세 사람은 "당신은 참 좋은 꿈을 꾸었습니다."라고 말해야 한다. 왜냐하면 이 말로 나쁜 꿈을 좋은 꿈으로 바꿀 수 있기 때문이다.

또, 인간이 하는 말이나 기도는 악인을 착한 사람으로 바꾸는 힘을 가지고 있다. 말이 지닌 또 다른 힘은 말을 하는 사람 자신에게 작용한다. 인간은 몇 번인가 같은 일에 대해 이야기하면 자기 스스로 그것을 확실히 기억하게 된다. 그러므로 사람은 항상 올바른 말만 해야 한다. 그래야 그 사람의 올바름이 강화되기 때문이다.

랍비 호세가 이렇게 말했다.

"하나님은 이미 지식을 가지고 있는 자에게 지혜를 주신다. 무지한 자에게는 주시지 않는다."

그러자 한 남자가 랍비 호세에게 질문했다.

"하나님이 무지한 사람에게 지혜를 주는 편이, 이미 현

명한 사람에게 주는 것보다도 도리에 맞지 않습니까?"

랍비 호세는 이렇게 대답했다.

"만약 두 사람의 남자가 당신 앞에 나타나서 돈을 꾸어달라고 한다면, 어느 사람에게 빌려 줄 것인가? 한 사람은 이미 부자인 사람이고, 또 한 사람은 몹시 가난에 허덕이고 있을 경우에 말이오."

"물론 부자 쪽이죠." 하고 질문을 받은 자가 대답했다.

이에 랍비 호세는 말했다.

"하나님은 지혜가 얼마나 중요한가를 이해하는 능력을 갖추고 있는 사람에게 지혜를 주십니다. 모처럼 선물을 주어도 그 선물의 가치를 모르는 사람에게는 주시지 않는 법이죠."

올바른 행위는 결국은 자신에게 이익이 된다. 탈무드에는 "기도하지 말고 실행하시오."라는 이야기가 있다. 어떤 사나이가 랍비에게로 와서 자식이 토라 공부를 게을리하지 않고 열심히 하도록 기도해줄 것을 부탁했다. 그러자 랍비는 이렇게 대답했다.

"만약 당신 자신이 매일 토라를 진지하게, 오랜 시간 공부하면 당신 아들은 당신을 뒤따르게 될 것이오. 그러나 만약 당신이 공부를 게을리한다면 당신 아들도 그렇게 자라게 될 것입니다."

자신이 올바른 행위를 하면 주위 사람들은 그것을 모방하게 된다. 그리고 그 결과 자신이 배신당하는 일도 없게 된다.

또는 다음과 같은 경구도 있다.

· 당신이 부모를 소중히 여기지 않으면 자식들이 성장해서 당신을 소중히 여기지 않는다.

탈무드를 펼치면 지혜로운 사람의 책임에 관한 잠언이 도처에 박혀서 빛난다. 그중 몇 가지를 발췌해보자.

· 한 사람의 오래된 친구는 새로 생긴 열 사람의 친구보다도 낫다.
· 자녀가 하나밖에 없는 사람은 한 눈으로 세계를 보는 것이나 마찬가지다.

· 한 사람의 아버지는 10명의 아이를 양육할 수 있다. 그러나 10명의 자녀는 한 사람의 아버지를 봉양할 수 없다.

· 유연한 나무는 꺾이지 않지만, 딱딱한 나무는 부러진다.

· 돼지는 너무 많이 먹는다. 괴로워하는 사람은 너무 많은 이야기를 한다.

· 어머니는 베일과 같다(자녀의 결점을 감추어버린다).

· 부정한 혀는 부정한 손보다 더 나쁘다.

· 선인(善人)은 술집에서도 악에 물들지 않지만, 악인은 회당에 와도 고치지 못한다.

· 현명한 사람은 자신이 무엇을 이야기하고 있는가를 알고 있으며, 어리석은 사람은 자신이 지껄이고 있다는 사실만을 안다.

· 돈은 좋은 기지(機智) 이외의 것이라면 무엇이든 살 수 있다.

· 뻔뻔스러운 자의 얼굴에 침을 뱉으면 그는 비가 온다고 말한다.

· 이미 대지에 누워 있는 사람은 넘어지는 일이 없다.

· 당나귀는 긴 귀로 분별할 수 있고, 어리석은 자는 긴 혀로 분별할 수 있다.

· 밀가루 장수와 굴뚝 청소부가 싸우면, 밀가루 장수는 꺼멓게 되고, 굴뚝 청소부는 하얘진다.

· 가난한 자는 적이 적지만, 부자는 친구가 적다.

· 사랑은 달콤하지만 빵과 함께 먹는 것이 좋다.

· 술 취한 사람은 술의 질을 묻지 않는다. 부정한 자는 더러운 돈이라도 좋아한다.

· 부자는 의사가 말하지 않는 한 배를 곯지 않는다.

· 곤궁은 강한 약제와 비슷하다. 한 번에 많이 복용해서는 안 된다.

· 어린아이는 부모를 잠재우지 않는다. 그리고 아이가 성장함에 따라 부모를 쉬게 하지 않는다.

· 가려운 곳을 긁는 것과, 어려울 때 돈을 빌리는 것은 임시방편에 지나지 않는다.

· 행운에서 불운까지의 길은 짧다. 그러나 불운에서 행운까지의 길은 멀다.

· 사람들에게서 비밀을 듣는 것은 쉽지만, 그 비밀을 지

키기는 어렵다.

· 자신보다 현명한 사람에게 지는 편이, 자신보다 어리석은 사람에게 이기는 것보다 이득이다.

· 다음 세 가지는 감출 수 없다. 사랑하는 마음, 기침, 가난.

· 모욕에서는 도망쳐라. 그러나 명예는 좇지 마라.

돈은 도구일 뿐

누구든 부(富)를 갖고 싶어한다. 그런데 기독교인이나 동양인은 그것을 입 밖에 내어 말하지 않는다. 반면 유대인은 돈에 관해 이야기하는 것을 수치스럽게 생각하지 않는다. 어느 쪽이 자연스러울까? 유대인들은 돈을 도구라고 생각한다. 도구에 지배를 당하는 사람은 없다. 그러므로 도구는 될 수 있는 대로 많이 가지고 있는 편이 좋다.

이것은 유대인의 돈에 대한 태도를 말해준다기보다 유대인의 자연스럽고 무리가 없는 사고방식을 나타낸다고 생각하는 편이 좋다. 돈을 많이 가지고 있는 것은 누구에게나 유쾌한 일이다. 유대인은 돈을 더럽다고 멸시하지 않는다. 돈은 좋은 것이라고 생각한다. 그러나 동시에 돈의 위험성에 대해 깊이 생각하지 않으면 안 된다. 탈무드에 서술되어 있는 돈에 관한 경구를 몇 가지 들어보자.

- 돈이 없으면 오관(五官)이 잘 작동하지 않는다.
- 정의(正義)가 결여된 돈벌이는 질병과 같다.
- 자만심과 돈은 인간을 압박하고 부패시킨다.
- 인생은 인내와 돈이다.
- 잘 쓰고, 잘 저금하라.

요컨대 돈은 필요한 것이라고 강조하는 한편, 돈이 인생의 함정이 될 수도 있음을 경고하고 있다. 이 세상에서 돈을 싫어하는 사람은 거의 없을 것이다. 그러나 탈무드적 인간은 균형 잡힌 금전 감각을 갖고 있다. 돈을 쓰는 것이 너무 헤퍼도, 절제가 없어도, 또 너무 인색해도 안 된다.

동양에서는 돈 잘 쓰는 사람이 환영을 받는다. 반대로 청빈이라 해서 돈에 전혀 집착하지 않는 사람이 미화되는 경향이 있다. 그러나 탈무드적인 인간은 그래서는 안 된다. 유대의 전통 가운데에는 청빈이라는 사고방식은 없다. 가난은 멸시의 대상은 아니지만 자랑거리도 아니다. 그러나 돈을 쓰지 않고 모으기만 하는 사람은 멸시를 받는다. 탈무드에는 "돈은 비료와 같다. 쓰지 않고 쌓아만 두면 냄새가 고약하다."라고 하는 말이 있는데, 수전노가 되는 것은 돈이 붙지 않는 것과 마찬가지로 위험한 일이다.

유대인에게는 자선을 베풀 의무가 있다. 유대인은 생활에 어려움을 겪게 될 정도가 아니라면 수입의 최저 10%를 자선에 써야 한다는 의무를 갖는다. 유대인들은 옛날부터 돈을 벌어도 자기 것이 아니라 사회에 속해 있는 것이라고 생각했다. 그래서 유대인들에게 자선이란 다른 세계에서 말하는 의미와 달리, 하나님이 자신에게 주신 돈 가운데에서 10% 정도를 내놓는 것을 뜻한다. 유대인은 선행을 할 때 '브라하'라고 외운다. '브라하'는 선행을 축복하는 말이다. 편역자 주 히브리 어 '브라하'는 '축복하다'는 뜻이다. 그렇다고 자선을 베풀 때마다는 '브라하'라고 말하지 않는다. 그것은 자선을 선행이 아니라 의무라고 생각하고 있기 때문이다.

유대인에게 돈은 어디까지나 수단일 뿐 목적이 아니다.

돈이 차지하는 지위가 가장 높다는 생각도 허용되지 않는다. 탈무드에는 "돈은 인간에게 진정한 명예를 가져다주지 않는다. 아무리 돈을 많이 벌어도 그것만으로는 인간의 진정한 명예를 살 수 없다."라고 하는 말이 있다. 우리의 주변에는 돈을 벌려고 모든 시간을 소비해버리는 사람들이 있다. 돈을 최고의 목적으로 삼고 있는 사람들이다.

확실히 돈은 매력적이다. 아마 '근로정신'이라는 것도 돈에 대한 욕망과 생활에 대한 불만을 달리 표현한 것에 지나지 않을 것이다. 듣기 좋은 말로 위장하고 있을 뿐이다. 그래서 휴일에도 가족과의 생활을 희생시키면서까지 돈벌이를 위해 일을 한다.

그러나 유대인은 안전핀을 갖고 있다. 앞에서도 말한 것처럼 안식일 덕분이다. 안식일은 유대인이 돈의 노예가 되기 어렵게 하는 제동장치다. 또, 이러한 휴일은 탈무드적 발상의 원천이 되었다.

동양에서는 인간관계에서 돈에 대해 주장하는 것을 좋지 않다고 생각한다. 그래서 "나는 이 정도의 수입을 원한다."고 공공연하게 요구할 수 없는 분위기다. 일종의 금기인 것이다. 비단 돈에 대한 것뿐만 아니라 대체로 자기주장을 하는 일 자체가 좋지 않은 것으로 간주된다.

예를 들어, 서양인들은 퇴근 시간에 동료나 거래처 사람이 저녁식사를 같이 하자거나 "오늘 한잔하지 않겠나?" 하고 권할 때 "아니야, 오늘은 집에서 식사를 하기로 했어." 하고 딱 잘라 거절할 수가 있다. 그런데 동양에서는 가정생활을 공적이거나 바깥 생활에 우선시키는 것이 어쩐지 버젓하지 못한 일로 여겨진다. 그래서 돈이든 시간이든, 자기 세계를 만들려고 하지 않는다.

본래 축재(蓄財)를 한다, 돈을 모은다, 돈을 요구한다, 자기 시간을 요구한다는 것은 자신을 존중하는 일로서 당연하다. 그런데도 동양인들은 돈이나 시간에 대해 지나치게 관대해서 남에게 쉽게 써버리는 경우가 많다. 돈과 자기 시간에 대해 균형 감각이 부족한 것이다. 이렇게 해서는 도저히 자신을 소중히 할 수가 없다. 또, 자신을 부정하는 것은 뒤집어보면 다른 사람을 부정하는 것과 같다. 자신을 소중히 여기지 않는 사람은 타인도 소중히 대할 수 없다.

유대인은 '장사꾼' 이미지가 강하다. 유대인 상인들은

어디를 가나 양보하는 일 없이 싸게 구입하고 비싸게 팔고자 한다. 이것을 교활한 행동으로 보느냐 당연한 일로 보느냐는 비즈니스의 정직성 또는 정당성을 둘러싼 사고방식의 차이에 달렸다. 상인은 될 수 있는 한 물건을 싼값에 구입해서 가능한 한 비싼 값에 팔고자 하는 것이 당연하다. 비단 유대인만 그러는 것은 아니다. 어느 나라 어느 민족이나 영리를 목적으로 하는 일에서는 다를 바가 없다.

사실 현실에서 대기업들은 하청 기업의 납품가를 무자비하게 깎는다. 또, 어떤 무역회사는 해외에서 값을 부당하게 깎아내리는 경우도 있을 것이다. 이것은 민족에 관계없이 상인들의 공통된 생리다. 그런데도 유독 유대인들만 교활하다는 이미지로 표현하는 것은 편견에 불과하다.

하긴 동양에서는 대기업이 하청을 주는 영세기업으로부터 부당하게 싼값으로 물건을 사들이는 것이 계열(系列) 관계, 또는 가족적인 관계로 맺어져 있으니까 상관없다는 기분일지도 모른다. 이른바 보살펴주는 것에 대한 반대급부인 셈이다. 하청업체로서는 그렇게 보살핌을 받는 관계이므로 부당하게 싼값으로 사 가도 어쩔 수 없다고 받아들일

것이다.

그러나 유대인은 될 수 있는 대로 싸게 사고, 되도록 비싸게 파는 것이 조금도 나쁘지 않다고 생각한다. 만약 상대편이 비싸게 사는 것이 싫거나, 또는 싼값으로 팔고 싶지 않으면 그렇다고 의견을 주장하면 된다. 쌍방의 합의에 의해 거래가 성립되는 한, 유대인의 비즈니스 행위를 비난할 수는 없을 것이다.

탈무드는 상행위의 도덕에 대해 상당한 분량을 할애하고 있다. 예를 들어, 랍비 다바는 다음과 같이 말한다.

> 사람이 죽어서 천국에 가면, 천국의 문에서 우선 첫째로 묻는 것은 "너는 상행위에서 정직했는가?" 하는 것이다. 하나님은 얼마나 기도를 많이 했는가, 얼마나 자선을 베풀었는가, 얼마나 많은 사람을 구했는가는 그 다음에 묻는다.

또, 유대교 세계에서는 소나 양을 도살할 때 쓰는 칼을 랍비가 점검한다. 또, 랍비는 상인이 정직하게 장사를 하고 있는지 여부를 조사해야 한다. 랍비는 유대인 거리에 있는 상점을 돌아다니면서 물건의 중량, 크기, 품질, 값 등을 조사하는 것이 임무로 되어 있다. 편역자 주 모든 랍비가 다 그런 임무를 갖고 있는 것이 아니라, 전문적으로 그런 일을 하는 랍비가 따로 있다.

탈무드는 다음 세 부류의 사람들이 랍비보다도 천국에 가서 더 행복한 생활을 하게끔 약속되어 있다고 쓰고 있다.

1. 고명한 랍비의 한 사람인 모세 이삭의 주문복을 만들고 남은 천을 손님에게 주는 양복점.
2. 품질이 좋은 가죽을 사용하여 구두를 만드는 구둣방.
3. 무게나 질을 속이지 않는 정육점.

또, 13세기의 위대한 랍비였던 모세 벤 야곱은 이렇게 말한다.

"고객의 피부색이나 종교를 불문하고 파는 상품에 결함이 있다면, 그 결함을 말해야 된다."

이것은 유대의 계율이다. 이처럼 되풀이해서 상거래에서의 부정행위를 경계하는 말이 나온다는 것은 악덕 상인이 꽤 많았다는 증거일 수도 있다. 그러나 어느 사회에서나 악덕 상인은 있는 법이다. 어쨌든 유대교에서는 정직한 비즈니스를 해야 한다는 것을 다른 어떤 종교보다도 강력하게 반복해서 경고하고 있다.

 어쨌든 유대의 전통에서 돈을 더럽게 여기는 사고방식은 존재하지 않는다. 돈을 건전하게 여기는 것은 유대인의 현실주의에도 합당한 것이다. 탈무드적 인간은 현실주의자가 아니면 안 된다.

논쟁은 세상을 발전시킨다

탈무드는 독단을 경계한다. 올바르고 정당한 판단과 독선적인 독단을 엄연히 구분하고, 타인의 의견이나 견해에 대해 귀를 기울이도록 강조한다.

탈무드에는 어째서 인간의 귀는 두 개인데 입은 하나밖에 없는가에 대한 답이 있다. 이야기를 나눌 때 다른 사람의 이야기를 두 배로 들으라는 것이라고 풀이하고 있다.

예를 들어, 탈무드 속의 재판 관련법에는 징역이나 극형을 받게 될 범죄자일 경우 상황, 추측, 자백은 증거로 채택해서는 안 된다고 정해져 있다. 또, 범죄의 목격자가 한 사람일 경우 그 증언은 증거로 채택되지 않으며, 두 사람 이상이 있어야 한다고 되어 있다. 그리고 판사가 형량을 결정하거나 의견을 말하고, 투표를 할 때 가장 젊은 판사부터

시작하도록 정해져 있다. 그것은 연장자의 영향을 받아서는 안 된다는 배려에서다.

무죄로 석방될 때에는 다수결에서 한 표 차이면 되지만, 유죄가 될 때에는 두 표 차이가 있어야 한다. 단, 극형에 처해질 경우 판사 전원 일치일 때에는 무효가 되고, 다시 한 번 증거를 조사한 뒤 재투표를 하는 것으로 정해져 있다.

이것은 의견의 완전한 일치란 있을 수 없다는 유대인의 현실주의에서 온 것이다. 그리고 또 사형판결을 내릴 때 재판부는 의무적으로 한 사람씩 그 피고의 무죄 가능성에 대해 변론해야 한다. 이는 어떤 결정을 내릴 때 여러 가지 견해가 필요하다고 하는 유대인의 사고방식을 반영한 것이다.

탈무드에는 재판할 때의 피고와 원고의 복장까지도 정해져 있다. 어느 쪽이든 보다 좋은 옷을 입어서는 안 된다고 언급되어 있다. 또, 친인척은 증인도 판사도 될 수 없다. 그 밖에 범인이 정신병자인 경우에 피고는 고소당하지 않는다고 하는 규정도 있다.

탈무드에 정해진 재판법에 의하면, 서기 70년대에 예루살렘이 멸망당할 때까지는 성전에 대(大)산헤드린이라고 불리는 최고재판소가 있었다. 그리고 71명의 판사가 위원회를 구성하고 결정을 내렸다.

덧붙여 말한다면 성전이라 해도 예루살렘에 있던 성전이 이스라엘 전국에서 단 하나의 성전이었다. 그 아래에는 소(小)산헤드린이라고 불리는 재판소가 인구 120명 이상의 마을마다 하나씩 있었다. 여기에서 23명의 판사가 위원회를 구성하여 재판을 했다. 어느 산헤드린에서도 위원회를 구성하는 멤버는 유대인으로 하나님을 경외하며, 건전한 정신과 육체와 폭넓은 탈무드적 지식을 가지고 있어야만 했다. 너무 고령이라든가, 자식이 없는 남자는 위원회의 구성원이 될 자격이 없었다.

이 산헤드린 아래에는 하급 재판소가 있고, 여기에서는 경미한 사건을 취급했다. 그리고 3명의 판사가 있었다. 이와 같은 재판법은 탈무드적 발상을 그대로 말해준다. 전원 일치로 판결을 내리는 것을 싫어하는 이면에는 현실주의가 있지만 진리에 도달하려면 의견 대립이 필요했기 때문이다.

탈무드를 일관하고 있는 것은 토론이며, 또한 탈무드적

발상을 지탱하고 있는 것은 논쟁이다. 이것은 '화(和)'를 존중하는 사회에서는 이해하기 어려운 일인지도 모른다. 그러나 유대인은 건전한 대립이야말로 사회를 전진시키는 데 불가결한 요소라고 생각하고 있는 것이다. 유대인은 끝없는 논의를 중시한다.

따라서 탈무드를 보면 결정적인 결론이라고 하는 것은 나오지 않는다. 말하자면 탈무드는 학자들이 벌이는 토론회의 속기록과 같다. 탈무드에는 정리되어 있지 않은데도 결정을 내려버리는 교의나 해석과 같은 것은 실려 있지 않다.

그래서 흔히 "랍비 벤 요셉은 이렇게 말하는데, 벤 시온은 이렇게 말한다."라고 하는 식으로 한 사람 한 사람의 의견이 소개되고 있다. 이것은 이론 정연한 일반적인 저술과는 다르다. 그리고 몇 번이나 되풀이하지만 계속 새로운 주석이 첨가되고 있다.

가르치는 것과
인도하는 것의 차이

 탈무드에서는 많이 배운 사람에게 책임을 부여한다. 그리고 당연한 일이지만 이상을 가져야 한다. 먼저 지적인 자유를 존중하는 것을 비롯하여 탈무드에 기술되어 있는 것처럼 정신을 중요하게 여겨야 한다. 거기에다 한 걸음 더 나아가 자신보다 아랫사람을 인도할 책임이 부과된다.

히브리 어에서 '가르친다'에 해당하는 말은 '야 로우'다. 사실 '야 로우'는 가르친다기보다 '인도한다'는 뜻이다. 그러나 이 말이 다른 사회에서는 사람들을 가르칠 때의 가르친다는 의미로만 쓰인다. 그 이유는 가르친다는 것이 상대편이 배운다는 전제하에서 이루어지기 때문이다. 말하자면 수동적인 상대에 대해 강요하는 성격이 짙다. 그러나 인도

한다는 것은 상대편이 자기 스스로 생각하여 자기 나름대로 이해해 따른다는 것을 의미한다. 유대인은 후자의 태도를 존중했기에 인도한다는 뜻으로 쓰인 것이다.

많은 지식을 자기 것으로 삼고 판단력을 갖춘 사람의 책임이 크다는 것은 다음 이야기 가운데에 담겨 있다.

대규모로 장사를 하고 있는 어느 상인이 여러 대의 마차에 짐을 가득 싣고 여행을 하고 있었다. 그런데 눈이 내리기 시작하더니 광야는 얼마 후 30~40센티미터의 눈으로 덮였다. 그래서 마차꾼은 달리다가 그만 길을 잃고 말았다. 거리로 나가야 되는데 길을 잃어 숲 속으로 들어가고 말았다.

호되게 고생한 끝에 겨우 거리로 가는 올바른 길을 발견할 수 있었다. 그때 상인은 깊은 한숨을 내리쉬며 탄식했다. 그러자 상인의 곁에 앉아 있던 마부가 물었다.

"고생 끝에 겨우 길을 찾아냈는데 왜 그리 탄식을 하십니까?"

상인이 대답했다.

"마부로서 언제나 한 대의 마차만 모는 당신은 아마 모

를 것이오. 한 대의 마차가 남기는 수레바퀴 자국은 바람이나 눈으로 곧 지워져버리지만, 이렇게 무거운 짐을 실은 여러 대의 마차가 길을 잃고 지나가면 수레바퀴 자국이 깊게 남게 된다오. 그러면 앞으로 얼마나 많은 마차가 그것이 거리로 가는 올바른 길이라고 생각하여 내 마차의 바퀴자국

을 따라가다가 길을 잘못 들게 될 것인지를 생각해보시오."

이 이야기와 마찬가지로 뛰어난 지식인이 과오를 범하면 무지한 많은 사람이 그 뒤를 따라가게 된다.

탈무드에는 이런 이야기도 있다.
어떤 거리에 한 상인이 있었다. 이 상인은 자주 랍비를 찾아다녔으나 최근에는 찾지 않았다. 상인이 거리를 걷고 있을 때 아는 사람을 만났다. 그 사람은 상인에게 어째서 요즘에는 랍비에게 가지 않느냐고 물었다. 그러자 상인은 다음 주에나 랍비를 찾아가겠다고 대답했다.

다음 주에 상인이 랍비를 찾아가자 랍비는 반갑게 맞이하면서 "어째서 최근에 나를 찾아오지 않았는가?" 하고 그 이유를 물었다. 그러자 상인은 랍비를 찾아오려고 생각은 했지만, 최근에 자신이 취급하고 있는 상품인 벌꿀의 질이 떨어졌음에도 불구하고 종전의 값으로 팔고 있으므로 부끄러워서 올 수가 없었다고 말했다. 랍비는 이 솔직한 말에 대해서 이렇게 대답했다.

"당신이 벌꿀의 질을 떨어뜨렸으니 내가 질을 높이라고 해도 아마 할 수 없을 것이오. 그것은 당신도 생활을 위해서 필요하니까 말이오. 그러나 내게는 한 가지 해결 방법이 있소. 당신은 다음과 같이 약속해주기 바랍니다. 지금 취급하고 있는 벌꿀 1파운드를 팔면 6코페크밖에 남지 않는다면, 앞으로는 7코페크가 남게끔 하시오."

상인은 그렇게 하겠다고 약속한 뒤 돌아갔다. 그리고 그

다음에 그 상인이 랍비를 찾아왔을 때 랍비는 또 새로운 약속을 시켰다. 이번에는 1파운드당 8코페크씩 남게 하는 일이었다. 그리고 상인이 찾아올 때마다 랍비는 이익률을 높이게 했다.

몇 주일이 지나자 벌꿀의 질은 차차 높아졌다. 상인은 높은 이윤을 붙여서 팔기 위해 그만큼 벌꿀의 질을 높이지 않을 수 없었던 것이다. 고객들도 비싼 값을 지불하는 대신 그때마다 품질이 좋아졌으므로 만족해했다. 마지막에는 이 상인은 순수한 벌꿀 이외에는 취급하지 않게 되었다. 결국 그 상인은 크게 성공하게 되었다.

어느 날 상인은 랍비를 찾아와 "선생님 덕분에 정말 크게 성공했습니다." 하고 사례를 했다. 랍비는 그 상인의 말을 기쁘게 들으면서 "정직이 가장 좋은 판매 정책이라오."라고 대답했다.

인간의 본질

· 인생은 현인에게는 꿈, 어리석은 자에게는 게임, 부자에게는 희극, 가난한 자에게는 비극이다.

· 매일 오늘이 당신의 마지막 날이라고 생각하라. 매일 오늘이 당신의 최초의 날이라고 생각하라.

· 항상 더 불행한 일이 있다고 생각하라.

· 누구나 다 거울 속에서 자신이 가장 좋아하는 사람을 본다.

· 자선을 베풀지 않는 사람은 아무리 돈 많은 자산가라도 맛있는 요리가 가득 놓인 식탁에 소금이 없는 것과 마찬가지다.

· 인간을 평가하는 데에는 세 가지 기준이 있다.

키소(지갑을 넣는 호주머니 = 돈을 쓰는 법),

코소(술을 마시는 잔 = 술을 마시는 법),

카소(노여움 = 참을성).

· 친구가 당신에게 벌꿀처럼 달콤하더라도 전부 먹어버려서는 안 된다.

· 친구가 화를 내고 있을 때 진정시키려고 하지 마라. 또, 슬퍼하고 있을 때 위안하지 마라.

· 평판은 가장 좋은 소개장이다.

· 표정은 최악의 밀고자다.

· 질투는 천 개의 눈을 가지고 있다. 그러나 하나도 올바르게 보이지 않는다.

· 결혼을 향해서는 걸어라. 이혼에는 달려라.

· 결혼이란 어느 명주(銘酒)를 마시고 맛이 좋다고 감격한 사나이가 그 술을 빚는 양조장으로 일자리를 구해 가는 것이나 마찬가지다.

· 남성은 두 볼 사이와, 두 다리 사이에서 값어치가 결정된다.

· 부는 요새이고 빈곤은 폐허다.

· 만난 사람 전부에게서 무엇인가를 배울 수 있는 사람

이 이 세상에서 가장 현명하다.

· 몰염치와 자부심은 형제다.

· 많은 사람들이 생각하고 싶지 않아 도망치기 위해서 책을 읽는다.

· 자신의 말[言]을 자신이 건너는 다리[橋]라고 생각하라. 튼튼한 다리가 아니면 당신은 건너지 않을 테니까.

· 당신이 비밀을 감추고 있는 한 비밀은 당신의 포로다. 그러나 당신이 그것을 말해버린 순간부터 당신이 비밀의 포로가 된다.

· 소문은 반드시 세 사람의 인간을 죽인다. 소문을 퍼트리는 사람, 그것을 반대하지 않고 듣고 있는 사람, 그리고 그 화제에 오르고 있는 사람.

· 입보다도 귀를 높은 지위에 앉혀라.

· 지혜의 둘레에 친 벽은 침묵이다.

· 아부의 말은 고양이처럼 다른 사람을 핥는다. 그러나 결국은 걸려든다.

· 술이 머리에 들어가면 비밀이 밀려 나온다.

· 진실은 무거운 것이다. 그래서 젊은 사람들밖에는 운

반할 수가 없다.

이 말들은 인간의 본질을 잘 파악하고 있다. 시대나 환경이 변할지라도 인간성은 변하지 않는다. 탈무드의 경구를 몇 가지 더 소개하기로 하자.

· 현자(賢者)의 불로 몸을 따뜻하게 하라. 단, 그것으로 몸을 태우지 않도록 조심하라.
· 지혜를 죄처럼 두려워하는 대상으로 대하게 된다면, 그 지혜는 오래가지 못한다.
· 가장 중요한 것은 연구가 아니라 실행이다.
· 인간은 환경에 의해서 명예를 얻는 것이 아니라, 인간이 그 환경의 명예를 높이는 것이다.

이와 같은 말들은 누구에게나 이해될 수 있는 것들이다. 모든 세계의 인간은 별로 다를 바 없다. 갖가지 민족과 문화는 있어도, 그리고 그것이 만약 다르다 하더라도 근본적으로 다른 것은 아니다. 어느 면을 강조하느냐의 차이에 불

과하다.

이와 같은 경구는 구약 성경에도 많이 실려 있다. 구약 성경의 하나님은 노여움의 하나님이라고 불리며 절대신(絶對神)인데도 그 가운데에 있는 가르침은 지극히 인간적인 것이다. 예를 들어, 출애굽기를 살펴보자.

· 가난한 자에게 돈을 빌려 줄 때에는 이자를 받아서는 안 된다.
· 너희는 모두 과부와 고아를 괴롭혀서는 안 된다.
· 외투를 담보로 잡았더라도 밤에만은 돌려주어야 한다.
· 어린 양을 어미 양의 젖 속에다 넣고 삶아서는 안 된다.
· 만약 미워하는 자의 나귀가 짐 아래에 쓰러져 있는 것을 보면 그 사람을 도와 짐을 치워주어야 한다.

또, 레위기에는 "거둬들일 때에는 뿌리까지 보리 이삭을 베어서는 안 된다. 또, 떨어진 이삭을 주워서는 안 된다. 불행한 자가 줍도록 남겨 두어야 한다."고 하는 등 인간을 배려한 말들이 많이 쓰여 있다.

유대교의 분파인 기독교는 이웃에 대한 사랑을 교시하고 있다. 예수님의 가르침은 모두 구약 성경이나 유대의 율법에 기초를 둔 것이었다. 신양 성경에 나오는 예수님의 말씀은 많은 부분이 이미 구약 성경에 쓰여 있거나, 그전에 랍비들이 말한 것이며, 탈무드 안에 들어 있다.

예를 들어, "용서하라. 그러면 용서받으리라."고 하는, 마태복음에 쓰여 있는 예수님의 말씀은 랍비인 엔 시다가 이미 말한 것이다.

또, 마태복음에는 '마음이 가난한 자에게 약속된 땅' 또는 '슬퍼하는 자에게 고하는 위로의 말' 등의 아름다운 말이 있는데, 이것은 각각 구약 성경의 시편과 이사야서에 나오는 말씀이다. 기독교가 강조하고 있는 온유함이라고 하는 것은 유대교에서 나온 것이다.

성과 속의 개념

로마가 기독교를 받아들인 뒤, 종교와 일상생활이 둘로 나뉘어버렸다. 요컨대 성(聖)과 속(俗)으로 나뉜 것이다. 권력도 '하나님의 것은 하나님에게로, 가이사의 것은 가이사에게로'처럼 성과 속으로 분리되어 오늘날까지 지속되고 있다.

그러나 유대교는 성과 속을 나누지 않는다. 유대인의 모든 생활은 유대교 자체와 하나가 되어 있기 때문이다. 즉 일상생활과 종교생활을 구분할 수 없다.

서기 70년에 예루살렘에 있던 성전이 파괴되어버린 이후 유대인의 유랑이 시작되는 동시에 유대교에는 성직(聖職, 제사장 및 레위지파 등)이나 랍비가 없었다. 그래서 세계 각지로 유랑한 유대인은 각각 흩어져 간 그곳에서 회당을 지었다. 회당을 동양에서는 '유대인 교회'라고 번역하는데, 예배 장소임에는 틀림없지만 교회와는 조금 다르다. 그저 집회장소라고 하는 편이 좋을 것이다. 그것은 승려(신부나 목사)가 없기 때문이다. 랍비는 승려가 아니다. 랍비는 유대인 지역 사회의 지도자이며, 또는 재판관이며, 때로는 생활의 카운슬러이자 학자다.

유대교에서는 종교를 지키는 것이 승려나 일부 전문가만의 일이라고 생각하지 않는다. 책임은 모든 사람이 함께 진다는 전제가 있다. 그러므로 기독교 가운데에서도 가톨릭과 같이 신부가 사람들 위에 서는 일은 없다. 여기에도 유대인의 평등주의가 작용하고 있다. 그리고 유대인 개개인이 종교를 지키는 책임을 지고 있기에 13세가 되면 모든 사람이 성경을 읽는 능력을 갖추어야 한다. 편역자 주 여기서 말하는 13세는 유대인 소년이 성년식을 치르는 나이를 말한다. 성년식에 대한 더 자세한 내용은 《잃어버린 지상명령 쉐마》(현용수, 2006, 쉐마), 제2권 제4부 제2장 '쉐마와 유대인의 성년식' 참조.

기독교를 예로 들면, 성경을 배우고 종교를 지키는 책임은 목사나 일부 전문가의 손에 위촉되었다. 그리고 대중은

윗사람의 가르침에 따라만 가면 되었다. 그 때문인지 역사를 통해 기독교인의 대다수는 문맹이었다. **편역자 주** 여기서 말하는 기독교는 가톨릭(천주교)이다. 천주교에서는 1965년 이전에는 교인들에게 성경을 가르치지 않았다. 신부의 강론도 라틴어로만 했다. 1961~1965년 사이에 있었던 제2차 바티칸공회 이후부터 성경을 가르치기 시작했다.

유대교의 또 하나의 분파라고 할 수 있는 이슬람교는 당연한 일이지만 유대교와 아주 흡사하다. 오늘날에도 이슬람교 국가에서는 종교와 일상생활을 분리하지 않고 있다. 사우디아라비아를 비롯한 보수적인 회교 국가들은 종교가 국민의 모든 생활에 관여한다. 성계(聖界)와 속계의 구별이 없다. 이것은 유대교와 마찬가지다.

그러나 이슬람교에서는 전 교인이 코란을 읽지 않으면 안 된다는 법은 없다. 유대인은 그리스도가 오시기 전부터 모든 사람이 구약 성경을 읽어야만 했기에 일반 대중까지도 글자를 읽을 줄 알았던 것은 물론, 종교적인 문제에 대해서 서로 논의한다. 이러한 일들이 유대인의 지적 수준을 높이는 요인이 되었다. 읽는 능력을 강요한 종교는 유대교 이외에는 없다. 탈무드의 전통은 이러한 토양에서 생겨난 것이다.

또, 빈부(貧富)나 사회적 지위의 고하를 불문하고 모든 사람에게 그와 같은 중대한 책임을 지운다는 것은 유대인이 오랫동안 지녀온 평등주의를 증명하는 것이다. 이것은 역시 탈무드에도 기술되어 있는 것처럼 세계는 처음에 한 사람의 인간으로부터 시작되었다고 하는 데 기초를 두고 있다.

"한 사람의 인간을 죽이는 것은 전 인류를 멸망시키는 일이다."라고 하는 경구가 탈무드에 있는 것처럼, 유대교에서는 한 사람의 인간이 전 세계와 동등한 가치를 가졌다고 본다. 이것은 동양적인 사고방식으로는 이해하기 어려울지도 모른다.

그러나 모든 것은 분명히 한 사람에게서 출발하고 있다. 이것은 한 사람의 인간이 위대하다는 것이 아니라, 한 사람의 인간이 짊어져야 할 책임의 무게를 말하고 있는 것이다. 세계는 한 사람의 인간에 의해 만들어졌고, 앞으로도 인류가 계속되는 한 그 원점은 변하지 않을 것이다.

세계에서 처음으로 유일신(唯一神) 개념을 만든 것은 유대 민족이다. 이것을 흔히 '유대의 기적'이라고도 한다. 유일신

개념이란 오직 하나이신 하나님이란 개념이며, 일신교(一神敎)라고 불리고 있다. 유대인들은 그때까지 세계 안의 모든 사람들이 믿고 있던 다신교에 맞서서 순수한 일신교를 만들어냈다. 이것은 집단신(集團神)으로부터 유일신의 자립이라고 할 수 있다. 실제로 집단신은 인간의 집단에서 생긴다.

하나의 신, 한 사람의 아담이라고 불리는 인간을 상대한 데에서 유대교는 시작되었다. 신도 한 사람—신을 한 사람으로 불러서는 안 되지만—이며, 자유의사를 가진 인간도 한 사람이다.

그리고 하나님이 강한 것처럼, 한 사람의 인간도 강해야 한다. 탈무드적 인간은 자기 안에서 강력한 긍지를 발견한다. 그리고 자신이 없으면 세계는 구제될 수 없다고 생각한다. 그러므로 혼자서 세계의 일을 생각해야만 된다.

탈무드가 하나의 백과사전이라고 할 만큼 폭넓은 지식을 담고 있는 것과 마찬가지로 인간도 백과사전적인 지식을 갖고 있어야 한다. 영어에서도 '탈무드적(Talmudic)'이라고 할 때에는 방대한 지식을 구비하고 있는 뛰어난 사람을 의미한다. 그것도 단지 지식을 수집품처럼 모으는 데 그

치는 게 아니라 세상을 조금이라도 좋게 하기 위해서 지식을 모으고, 그리고 그것을 이용해 전진하려고 하는 태도를 취하는 사람을 말한다.

유대인은 오랜 역사를 통해 언제인가 구세주가 온다고 믿어 왔다. 아우슈비츠의 수인들이 지은 '아니 마민'이란 노래에도 있는 것처럼 "우리는 메시아가 오리라는 것을 믿고 있다. 다만 도착이 조금 늦었을 뿐이다."라는 낙관과 비슷한 정도의 강력한 신념에 지탱해 살아왔다. 그렇다고 구세주가 온다는 것을 멍청히 기다리고만 있었던 것은 아니다. 자신들의 손으로 메시아를 불러들여야 한다는 정열에 불타고 있었다.

유대인들은 언제나 혈관 속에서 보다 나은 세계가 온다고 하는 기대와 흥분을 느끼고 있었다. 그리고 그것이 한 발이라도 더 자신을 전진시키려는 정열이 되어 왔다.

이윽고 지상의 낙원이 온다고 하는 종말관이 유대교를 일관하고 있는데, 이것은 어음을 결제하는 날이 언젠가는 온다고 하는 것이나 마찬가지다. 그러나 그렇다고 해서 누군가 인간 이외의 존재가 어음을 결제해줄 테니까 처음부

터 부도를 내어도 된다고 하는 것은 아니다. 어음을 결제하는 날 인간은 자기 스스로 어음을 떨어뜨려야만 된다. 그날을 위해서 날마다의 정진과 진보가 있는 것이다.

유대인에게 메시아는 여러 가지 형태로 나타난다. 미국의 국무장관이었던 키신저에게라면 자기 나름대로 생각한 안정된 세계 질서를 만드는 것이 메시아일 것이다. 또, 상인이라면 자기 일을 성공시키는 것이 나름대로 메시아 신앙을 표현하는 것이다.

이렇게 조금이라도 이 세상을 개선시키려는 생각은, 자신을 조금이라도 좋게 만들자, 전진하지 않으면 안 된다고 하는 의욕과 직결되어 있다. 유대인은 어린 시절부터 이렇게 교육을 받고 자신들도 그렇게 염원해 왔다.

유대인의 머릿속에 가득 차 있는 것이 세계의 발전만은 아니라는 데 주목해주기 바란다. 즉 유대인은 한 인간의 진보와 세계의 발전이 마찬가지라고 생각한다. 거기에서 개인의식이 존재함을 확인한다. 탈무드에는 "자신이 진보하지 않으면 세계는 발전하지 않는다."라고 하는 말이 있다. 세계는 하나이며, 자신도 한 사람이다.

제5장

역경에의 도전
T a l m u d

- 생명을 빼앗겨도 신념을 바꾸지 않는 용기 -

마지막 한 수가 있다

인간의 역사가 시작된 이래로, 우리는 질병이나 끊임없는 전쟁, 자연의 폭발 등 커다란 위험에 직면하지 않으면 안 되었다. 그중에는 우리 인간이 스스로 만들어낸 고난도 적지 않다. 그러나 나는 인간을 믿는다. 물질 속에 있는 에너지를 개발하는 능력을 갖춘 인간이 그 지식을 이용하여 아름다운 세계를 파괴하리라고는 도저히 생각되지 않기 때문이다.

하지만 우리 내부나 주위 환경에서 어떤 악과의 싸움이 이따금 실패로 끝나는 것을 보게 된다. 신문은 위로가 되기보다는 오히려 폭력, 고통, 무관심과 무감각, 곤란에 빠진 세계의 모습을 보여주는 경우가 많다.

나의 주변 생활만 보더라도 이혼이나 죽음, 분노와 고

통, 말다툼과 혼란, 사람과 사람 사이의 단절을 보지 않는 날이 하루도 없다. 이러한 상황에서 나 자신도 어떻게 하면 좋을지 모르는 경우가 많다. 도대체 앞으로 어떻게 살아가야 할까를 생각지 않을 수 없다. 그래도 깊은 감명을 주는 이야기를 듣게 되면 새로운 용기가 솟아나곤 한다.

어느 유명한 박물관의 눈에 잘 띄지 않는 벽면에 아주 색다른 그림이 한 폭 걸려 있다. 이 그림에는 '마지막 한 수'라는 제목이 붙어 있고 인간과 악마가 장기를 두는 모습이 그려져 있다. 이 테마는 매우 기발한 착상으로서 인간이 지금까지 쌓아올린 지혜, 통찰력, 경험이나 전략을 동원하여 악의 축이자 상징인 악마를 상대로 싸우고 있는 것을 의미한다.

어느 편이 이길 것인가? 쌍방이 필사적으로 모든 능력을 다 짜내고 있다. 무엇보다 이 시합(즉 우리들의 이 세상에서의 일)은 아주 중요한 승부인 것이다. 그러나 유감이지만 이 그림의 제목은 '마지막 한 수'로 악마가 이길 듯한 형세에 놓여 있다. 이대로 나아가면 분명히 악이 이기고 인간이

지게 될 것만 같다. 인간도 전력을 다하고 있지만 지금 인간은 마지만 한 수에 걸려 있다.

박물관을 찾아온 어떤 사람이 이 장기 두는 그림과 그 의미에 깊이 감동을 받아 캔버스에서 눈을 떼지 못했다.

"악마가 인간에게 마지막 한 수를 걸고 있다니, 이럴 수가 있단 말인가?"

뜻밖에도 그의 입에서 이런 말이 튀어나왔다. 점점 우울해져서 그는 더욱 그 그림을 뚫어지게 바라보았다. 그때 그 남자가 갑자기 뛰어오르며 미친 사람처럼 울부짖었다.

"거짓이야! 거짓이야!"

박물관은 조용히 그림을 감상하는 곳이므로 큰 소리를 내는 일은 허용되지 않았다. 그래서 그는 곧 밖으로 끌려 나갔다. 하지만 그는 다시 그 장소로 돌아가서 그림 앞에 섰다. 다시 그 그림을 물끄러미 바라보다가 감정이 점점 격해져서 또다시 절규했다. 그러나 또 전처럼 끌려 나갔다. 세 번째 들어갔을 때에는 특별 감시원이 그 남자 옆에 붙어 다녔다.

이번에는 그 남자를 둘러싼 사람들이 웅성거렸다. 그는

또 소리를 질렀다.

"거짓이다! 거짓이야! 마지막 한 수가 아니야! 희망은 있다. 또 한 수가 남아 있어."

그의 곁에 모여 있던 사람들도 장기판을 주목했다. 정말로 인간이 함정에 빠져 패배한 것처럼 보인다. 그러나 장기에 명수인 그는 절망적이긴 하나 완전한 패배 수는 아니며, 사실 아직 길이 남아 있음을 발견한 것이다. 인류에게는 한 수가 더 남아 있어 그 한 수로써 살아난다. 아직 희망이 있다. 거기에 어울렸던 사람들은 모두 그 의미를 깨닫게 되었다.

악마가 인간을 장기의 승부로 유혹하여, 지금 인간은 운명의 갈림길에 놓여 있다. 그런데 최후의 한 수만은 언제나 남아 있다. 기사회생의 한 수가……. 인간에게는 아직도 희망이 있다!

어려움과 장애물이 주위를 둘러싸고 있는데도 어떻게 희망을 키워갈 수 있을까 하고 물을지도 모르겠다. 그것을 알려면 장기의 작전을 생각해볼 필요가 있다. 예를 들어, 악과 싸우는 것도 좋지만 악의 상대편인 선을 강화시키려

노력하는 것이 더 좋은 방법이 아닐까?

질병과 싸울 때 가장 유효한 수단은 세균이나 독소를 죽이기에 앞서 적극적으로 자신의 신체를 강하게 만드는 것이다. 충분한 영양과 휴식을 취한 육체는 외부의 적에 대해 자동적으로 힘차게 저항한다. 생명의 저울추는 언제나 희망과 절망 사이를 왔다 갔다 하는데, 생명을 지키는 힘인 희망의 무게를 증대시킴으로써 저울추가 우리에게 유리한 방향으로 기울어지게 할 수가 있다. 절망과 싸우기보다 희망을 유지해가는 편이 훨씬 효과적이다.

살기 위해 우리는 용감하고 훌륭한 기질을 살려 나가지 않으면 안 된다. 자기 자신을 직시하기 위해서도 그와 같은 능력을 발휘해야 한다. 우리의 최대 적은 욕망, 성질과 같이 고도로 행동을 방해하는 본능인 것이다. 공포, 소심, 무기력, 비겁 따위의 감정은 늘 우리의 활동을 억제하려 한다. 행복한 세계를 만들 때에는 희망도 일종의 행복이며, 더군다나 최대의 행복이라는 사실을 언제나 마음에 새겨둘 필요가 있다. 내일(일본에서는 明日로 쓴다)이란 '밝아오는 날'이라는 의미다. 내일의 이미지에서 현자의 지혜와 시인의 환희가 느껴지지 않는가!

여기에서 또 하나의 소박한 비유를 들어보자. 세 마리의 개구리가 우유 통 속에 빠졌다. 첫째 개구리는 모든 것이 "하나님의 뜻에 달렸다."고 말하면서 발을 모아 붙인 채로 가만히 있었다.

둘째 개구리는 "이 통 밖으로 뛰어나가는 것은 도저히 불가능하다. 더구나 우유도 깊어서 어떻게 할 수가 없다. 어쩔 수가 없다."면서 아무것도 하지 않은 채로 빠져 죽었다.

셋째 개구리는 비관도 낙관도 하지 않고 현실을 잘 간파하여 이거 일이 잘못되었구나, 어쩌면 좋을지 모르겠다고 말하면서 코를 우유 밖으로 내밀고 뒷다리로 천천히 헤엄치다 보면 방법이 있을 거라고 생각했다.

그러던 중에 무언가 딱딱한 것이 발에 닿았다. 아무튼 발을 붙이고 서 있을 수 있게 되었다. 버터가 만들어진 것이다! 헤엄치며 우유를 휘젓는 동안 버터가 만들어졌고 그래서 그 위에 서 있을 수 있게 되었다. 그래서 셋째 개구리는 무사히 통 밖으로 뛰어나올 수 있었다.

"여러분도 계속 헤엄쳐주십시오!"

탈무드는 말한다.

"너무 오래 기다리게 되면 그만큼 실망도 크다."

"이 세상에서 가장 힘이 드는 일은 일이 없는 것이다."

하루는 해 진 뒤 시작된다

보통 하루라고 하면 아침부터 밤까지라고 생각한다. 그러나 유대인은 그와 반대로 생각한다. 아마 이것이 유대인을 끈질기게 살아남게 한 비밀인지도 모르겠다.

유대인의 하루는 해가 진 뒤부터 시작된다. 예를 들어, 안식일인 사바스는 금요일 일몰부터 시작되어 토요일 일몰에 끝난다. 하루라는 시간에 관한 이와 같은 개념은 유대인만의 독특한 사고방식이다.

탈무드에서는 랍비들이 어째서 하루가 일몰부터 시작되는가 하는 문제를 놓고 논쟁을 벌인다. 그들의 결론은, 밝아지면서 시작해 어두워져서 끝나는 것보다는 어두워져서 시작해 밝을 때 끝나는 쪽이 좋다는 것이다. 인생 역시 이

와 같다. 이는 유대인의 낙관적인 사고방식을 보여준다.

유대인은 매우 낙관적이어서 때가 되면 반드시 좋아지리라고 생각한다. 물론 노력도 꾸준히 한다. 그러나 어떠한 역경에 처하더라도 체념하지 않는다. 항상 희망을 갖고 산다. 헤엄치기를 계속한 개구리의 이야기를 기억하라고 말하고 싶다.

희망은 미래를 자신의 것으로 만드는 계기가 된다. 인간이 지니고 있는 힘 가운데 희망이 가장 강한 것인지도 모르겠다. 희망이 있는 한 인간은 미래의 끄나풀을 잡고 있는 셈이다. 희망은 미래라고 하는 냄비에 붙은 손잡이다. 거기에서 손을 떼어서는 안 된다. 죽음이 왜 그토록 두려운 것인가 하면 희망을 끊어버리기 때문이다.

물론 유대인에게도 여러 가지 고민거리가 있다. 탈무드는 "죽으면 벌레에게 먹히고, 살아 있을 때에는 고뇌에 시달림을 당한다."고 말했다. 또, 열 가지 고뇌를 가지는 편이 오직 한 가지 고뇌에 시달리는 것보다 좋다고 말한다. 오직 한 가지 고뇌라고 하면 그것은 참으로 심각한 문제를 의미한다. 많은 고뇌를 갖고 있다면 하늘에 감사해야 할 것이다. 단 한 가지 고뇌 때문에 자살하는 사람은 있어도 많은 고뇌 때문에 자살하는 사람은 없다.

또, 탈무드에는 "내일의 일을 염려하더라도 별수 없다. 오늘 지금부터 일어날 일도 알지 못하는데……."라는 말이 있다.

냉정하게 자신을 돌아보면, 자신이 현재와 과거라는 요소로만 성립되어 있는 것이 아니라, 내일이라는 미래의 부분이 많이 개입되어 있음을 알 수 있다. 내일은 틀림없이 좋아질 것이라는 희망이 있는 것이다. 인간은 미래를 사는 동물이다.

인생에는 세 개의 문이 있다고 한다. 하나는 과거로 통하는 문이고, 또 하나는 현재로 통하는 문이며, 셋째는 미래로 통하는 문이다. 이 세 개의 문 가운데 어느 것이든 닫아버려서는 안 된다. 그리고 어떤 문 안에도 보물이 들어 있도록 생활을 꾸려 나가는 것이 인생의 목적이다.

업적을 남긴 노인은 어째서 존경을 받을까? 과거의 문 안에 보물이 들어 있기 때문이다. 한창 일할 나이의 청춘

남녀는 왜 아름답게 보일까? 현재의 문 안에 보물이 있기 때문이다. 어린이는 왜 사랑스러울까? 미래의 문 안에 보물이 있기 때문이다.

유대인은 또 지기 싫어하는 호승지벽(好勝之癖)이 있어서 불굴의 정신을 지니고 있다. 잠깐 이 조크를 보자.

야곱이라는 사람이 친구인 아이작으로부터 돈을 빌려썼다. 마침 내일이 갚기로 한 날인데 갚을 돈이 없었다. 야곱은 뭐라고 핑계를 댈까 궁리하며 뜬눈으로 밤을 새웠다. 침대에서 일어나 침대 주위를 마구 돌다가 다시 의자에 앉아 생각에 잠겼다. 그때 아내인 레베카가 야곱에게 이렇게 말했다.

"바보군요, 당신은. 당신이 내일 돈을 갚지 못하겠다고 말했다고 합시다. 그렇게 되면 걱정이 되어 잠을 못 자는 사람은 오히려 저쪽이지 않겠어요?"

그 뒤 야곱은 어떻게 했을까? 물론 그는 편히 잠을 잘 수 있었다.

햇볕이 나는 날이 있으면 흐린 날도 있다. 과거는 이제 어떻게 할 수 없는 것이다. 그 대신 하나님은 낙심하지 않는다면 인간이 자유로이 창조할 수 있는 미래를 주신다. 낙심하면 안 된다. 낙심하는 자가 패배한다.

하늘을 나는 말

유대인은 언제나 낙관적이다. 그리고 늘 그렇게 살아왔다. 오랫동안 수난의 역사를 살아왔기 때문인지도 모른다. 그들은 절망적인 날들이 계속되는 가운데에서도 반드시 언젠가는 좋아지리라는 신념을 가지고 살아왔다. 그렇지 않았더라면 오늘날 지구상에 유대인은 한 사람도 남아 있지 않을 것이다.

유대인의 옛날 동화 가운데 '하늘을 나는 말'이라는 이야기가 있다.

옛날에 어떤 사나이가 왕의 노여움을 사서 사형을 선고받았다. 사나이는 왕에게 목숨을 살려달라고 탄원하며 왕에게 이렇게 말했다.

"1년의 여유를 주신다면, 왕께서 가장 아끼는 말에게 하늘을 나는 방법을 가르치겠습니다. 만약 1년이 지나서 말이 하늘을 날지 못한다면 그때 저를 사형시키셔도 좋습니다."

왕은 이 탄원을 받아들였다. 그러나 1년 뒤 약속을 어기면 바로 사형이 집행될 것이라고 했다. 동료 죄수들이 "어떻게 말이 하늘을 날 수 있는가?" 하고 그를 비난하자, 그 사나이는 이렇게 대답했다.

"1년 안에 국왕이 죽을지도 모른다. 또는 내가 죽을지도 모른다. 그리고 저 말이 죽을지도 모른다. 1년 이내에 무슨 일이 일어날지 미래의 일을 누가 알겠는가? 1년 뒤 정말 말이 날 게 될지도 모르지……."

이 이야기는 인생이 다양한 가능성을 간직하고 있음을 말해준다. 그러므로 어떠한 일이든지 체념해서는 안 된다는 교훈인 것이다. 희망을 버려서는 안 된다. 그런데 이것도 어디까지나 노력을 하면서 희망을 가지라는 말이다. 희망에만 기대어 아무 일도 하지 않으면 아무것도 이룰 수 없다.

"희망이라고 하는 녀석은 거짓말을 잘하기 때문이다."

고난은 인간을 강하게 만든다

유대인이 역경에 처했을 때 강인한 저항력을 보이는 있는 것은 유대의 긴 역사로부터 연유된 것이다. 유대인은 성경 시대부터 박해를 받았다. 그렇지만 유대인임을 망각하거나 포기하려 하지 않았다.

유대인은 가끔 오해를 받는데, 유대인은 결코 단일 인종이 아니다. 오늘날 이스라엘에 가면 하얀 피부의 유대인, 검은 피부의 유대인이 뒤섞여 있다. 아프리카 남예멘으로부터 온 이스라엘인과 동유럽에서 온 유대인은 피부색에서부터 생활습관에 이르기까지 크게 다르다. 유대인이란 유대교를 믿는 사람을 말한다.

중세에 유대인의 집이 불태워지고, 무차별로 죽임을 당했지만 유대교를 버리기만 하면 박해는 중지되었다. 예를 들어, 미 대륙을 발견한 콜럼버스가 유대인이라는 사실이 이따금 이야기된다. 학자 가운데에는 그가 유대인이었다고 믿는 사람도 적지 않은데, 만약 그렇다면 유대교를 버리고 그리스도교로 개종한 사람이다. 유대인은 자신들의 역사를 중요하게 여긴다. 유대인의 역사는 모든 유대인들이 직접 체험한 것이나 마찬가지다. 유대인이 어떻게 박해를 받았는지에 관한 비참한 이야기는 너무나도 많다.

나치가 동유럽을 점령했을 때의 이야기다. 많은 유대인이 그러했듯이 어떤 작은 마을에서 유대인 일가가 창고 지붕 속에 숨어 있었다. 나치는 한 명의 유대인도 놓치지 않으려고 눈을 부릅뜨고 감시를 했다.

지붕 위에는 다섯 식구가 숨어 있었다. 양친과 열 살인 딸 라헬, 여덟 살짜리 아들 조슈아와 삼촌 야곱이었다. 이들은 이웃 주민들의 도움으로 음식물을 제공받고 있었다.

편역자 주 유명한 《안네의 일기》의 주인공 안네도 이 무렵 네덜란드 암스테르담의 지붕 밑 다락방에서 가족들과 숨어 지냈다.

이 이야기는 유일한 생존자인 조슈아가 말한 것이다. 식구들은 소리를 내려야 낼 수가 없었다. 그래서 손짓이나 몸짓으로 대화하는 것을 익혔다. 나치 순찰대가 가택 수색을 하러 올 때마다, 또는 호의를 품고 있지 않은 마을 사람들이 왔을 때에는 일체 소리를 내지 않은 채, 숨소리조차 죽여야 했다.

부모와 삼촌은 물이나 먹을 것을 구하러 가끔 밖으로 나갔다. 그때마다 한 사람만 살짝 빠져나갔다. 창고 가까이에서 발소리가 나면 부모는 라헬과 조슈아의 입을 손으로 막았다. 아이들이 공포 때문에 자신도 모르게 소리를 낼 수 있기 때문이었다.

숨어 산 지 3개월째 되던 어느 날 밖으로 나간 어머니가 영영 돌아오지 않았다. 호의적인 마을 사람으로부터 어머니가 독일 군인들에게 붙잡혔다는 사실을 알았다. 그로부터 2개월이 지난 어느 날 아버지가 돌아오지 않았다. 이번에는 삼촌 야곱이 두 아이의 입을 손으로 막았다. 반년 뒤 삼촌이 나가자 곧 총성이 들렸다. 삼촌이 피살당한 것이었다.

그 후로 필요할 때 먹을 것이나 물을 가져오는 것은 누

▌《안네의 일기》의 저자 안네. 나치 치하에서 숨어 지내던 시절 숨 가쁘고 두려웠던 경험을 일기로 남겼다.

나의 일이 되었다. 창고 가까이에서 무슨 소리가 나면 이번에는 누나가 조슈아의 입을 막았다. 그러나 이조차도 오래가지 않았다. 둘이서 어두운 다락에서 지낸 지 한 달도 채 지나지 않은 사이에 이번에는 또 누나가 돌아오지 않았다. 그 후 가까이에서 무슨 소리가 들리면 조슈아는 자신의 손으로 자신의 입을 막았다.

유대인이 오늘날까지 살아남은 것은 결코 절망하지 않았기 때문이다. 유대인들은 무지개가 희망의 상징이라고 생각했다. 폭풍우 뒤에는 반드시 아름다운 무지개가 하늘에 걸리기 때문이다. 유대인은 항상 무지개가 뜰 것을 믿고 살았고 그래서 역경을 견뎌낼 수 있었다.

그러나 많은 사람들이 사소한 일로 좌절한다. 빚을 많이 졌다며 자살하는 사람, 시험을 망쳤다고 목숨을 끊는 젊은 이들도 있다. 또는 직장에서 좌천되었다고 자신의 장래를 포기하고 체념하는 사람도 있다. 그러나 유대인에게 이 정도의 역경은 역경이라고 부를 만한 가치도 없다.

앞서 말했듯이 인간의 눈은 흰자위와 검은자위로 되어 있는데 왜 하나님은 검은 부분을 통해 사물을 보도록 만드셨을까? 인생은 어두운 사실을 통해 밝은 것을 볼 수 있기 때문이라고 탈무드는 쓰고 있다.

어떠한 역경에도 굴하지 않는 용기라는 것은 역경을 직접 체험해본 사람이 아니면 알지 못한다. 그러나 스스로 체험하지 않고서도 선인들의 체험을 자신의 것으로 삼을 수가 있다. 다른 민족이라도 유대인 역사의 일부를 자신의 것으로 만들 수 있다.

자존심과 긍지의 차이

신념(faith)은 무엇보다 중요하다. 동유럽의 어느 유대인 거리에서 제2차 세계대전 중에 일어났던 이 이야기는 언제 들어도 유쾌하고 감동적이다.

나치가 동유럽을 점령했을 때의 일이다. 어느 날 주민들이 광장에 모여들었고, 한 나치 장교가 유대인들이 줄지어 선 행렬 가운데에서 중년의 교사를 끌어냈다. 나치 장교는 이 교사가 유대교를 버리면 다른 유대인들도 거기에 따를 것이라고 생각했다. 그 장교는 소리쳤다.

"유대교를 버려라. 그렇게 하면 평생 먹고사는 일에 지장도, 생활에 곤란도 느끼지 않도록 도와주겠다."

제대로 먹지 못해서 야윌 대로 야윈 교사는 이렇게 대답했다.

"안 됩니다."

"너의 하나님 따위는 저주해버려. 너의 하나님을 저주하면 너의 목숨도 가족의 목숨도 보장해줄 테니……."

다시 교사는 차분하면서 똑똑한 목소리로 말했다.

"못 합니다."

"유대교의 하나님을 버려라. 그렇게 하면 우리가 너를 지켜주겠다."

교사는 보다 더 차분한 목소리로 대답했다.

"그건 절대로 안 됩니다."

"절대로 안 된다고? 도대체 너는 자신이 지금 무슨 짓을 하고 있는지 아는가? 만약 끝까지 버티면 본보기로 죽여버릴 것이다. 그래도 내 말대로 하지 않을 텐가?"

광장에 모인 유대인들은 입안의 침이 말라붙었다. 어떤 사람의 시선은 장교에게 못 박힌 듯이 굳어 있었다. 어떤 사람은 그 교사만 바라보았다. 여자들 가운데에는 공포에 사로잡혀 눈을 감아버린 사람도 있었다.

"유대의 하나님이 네 생명보다 중요한가? 자신보다도 더 중요하냐 이 말이다. 너 자신에게 잘 물어보시지. 바보

같으니라고…….”

"당신이 나의 신념을 바꿀 수는 없습니다."

"하나님을 버리겠다는 말 한마디면 된다."

교사는 창백한 얼굴로 말했다.

"못 합니다."

장교는 권총을 뽑아 들더니 오른팔을 들어 교사를 향해 방아쇠를 당겼다. 총소리가 울려 퍼지며 총알은 교사의 어깨에 맞았다. 그 순간 교사는 허우적거리며 쓰러졌다. 교사는 피를 흘리며 괴로워하면서 나지막하게 부르짖었다.

"하셈 엘로히누 하셈 에하드(우리 하나님 여호와는 오직 하나인 여호와시니)."

장교는 소리쳤다.

"더러운 돼지 새끼, 이 더러운 유대 놈 같으니…….”

장교는 말을 이었다.

"우리가 너의 신보다 강하다는 걸 모르는가? 너의 생명은 하나님이 결정하는 것이 아니라 내가 결정한다. 네가 유대교를 버리겠다고 한마디만 하면 병원으로 보내주겠다. 그리고 너의 상처를 치료해줄 테고, 너는 너의 가족과 행복하게 살 수 있을 것이야."

교사는 괴로워하면서 말했다.

"안 됩니다."

장교는 얼마 동안 기가 막힌 듯이 서 있었다. 순간 장교의 얼굴에 공포의 빛이 스쳐갔다. 그리고 또 장교는 권총을 교사 쪽으로 겨누더니 한 방을 더 쏘았다. 두 발, 세 발, 네 발째 총소리가 울리는 가운데 교사는 이렇게 중얼거렸다.

"안 됩니다, 안 됩니다……."

모든 사람들이 이 소리를 들었다. 그리고 교사는 죽어갔다.

이 이야기는 뒷줄에 서 있던 그 교사의 아들이 전해준 것이라고 한다. 이 아들은 아버지가 무신론자이며, 하나님을 믿지 않았다는 사실을 덧붙였다.

뭐니 뭐니 해도 인간의 중심은 신념이다. 신념이 없는 인간은 설득력이 없다. 인간이 타인을 믿는 진정한 근거는, 그 사람이 자신의 신념을 갖고 있느냐 없느냐다. 그리고 자신은 신념의 근원이다.

다른 사람이 당신을 신뢰할 때 도대체 무엇을 근거로 삼

▌유대인은 순교할 때에도 "우리 하나님 여호와는 오직 하나인 여호와시다."라고 외치며 담대히 죽는다. 여호와 하나님의 성호를 성결하게 하기 위한 순교이기 때문이다. 사진은 나치의 사형 집행을 기다리는 동안 복장을 갖추고 기도하는 한 유대인. 옆에 이미 학살당한 형제들이 즐비하게 누워 있다. 뒤에 서 있는 나치군들의 비웃음이 대조를 이룬다.

을 것인가? 두말할 나위도 없이 당신 자신이다. 자신의 중심이 신념이며, 설사 생명과 바꾸는 한이 있더라도 지켜야만 한다. 긍지를 갖는 것은 중요하다. 그러나 긍지는 신념이 없는 자에게는 가짜가 된다. 교사가 죽어가면서 외친 "하셈 엘로히누 하셈 에하드."는 오랜 역사를 통해 유대인 순교자들이 외쳐 온 말이다.

신념은 긍지라고 표현해도 좋다. 흔히 동양인은 영어를 사용하여 "저 사람은 프라이드가 강하다."라고 말한다. 이것은 사소한 일에도 자신의 긍지가 손상되었다고 생각하여 마음의 초조함을 겉으로 나타내는 사람을 가리키는 경우가 많다.

그러나 긍지(프라이드)와 자존심은 의미가 다르다. 다른 사람으로부터 상처를 입었다고 생각하여 화를 내는 사람은 자존심이 강하다고는 할 수 있어도 긍지가 있다고 말하기는 어렵다. 그러한 사람들은 타인의 평가에 민감하여 자극을 받으면 곧 흥분한다. 그들은 타인의 평가에 따라 자신의 무게를 가늠하기 때문이다. 그러므로 다른 사람들의 눈치를 보며 살아가게 된다.

참다운 프라이드, 즉 긍지란 자기 스스로를 자랑스럽게 생각하는 것이다. 타인에게 쉽게 화를 내는 사람은 참된 의미의 프라이드가 있는 사람이 될 수 없다.

내가 동양에서 살고 있는 동안 한 가지 마음에 걸렸던 것은 '명예'라는 말이 사회적으로 높은 평가를 받는다는 점이었다. 영어에서 'honour'라고 하면 자신에 대한 명예

를 의미하는 말이다. 명예를 지킬 수 있었느냐 없었느냐는 최종적으로 자신이 가늠할 문제이지, 주위와는 관계가 없다. 긍지(프라이드)도 명예도 전적으로 개인의 내적인 문제인 것이다. 이와 같이 참으로 긍지가 높고, 명예를 중요시하는 사람은 다른 사람들로부터도 신뢰를 받는다.

대중에게는 용기가 없다. 대중은 흥분할 뿐이다. 오합지졸인 것이다. 용기라든가 신념, 긍지는 개인에게만 있는 것이다.

오늘날의 사람들은 너무나 조직적인 집단의 일원으로 살아서 집단의 신조나 긍지를 지니고 있다고 생각할지 모르지만, 조직의 배지를 떼어버리고 혼자가 되면 자신이 얼마나 약한 존재인가를 느끼는 사람들이 적지 않다. 이처럼 용기까지도 집단에 소속되어 있는 것처럼 생각하는 것이다. 그래서 무언가 사정이 있어 회사를 그만두거나, 정년이 되어 오랫동안 일해 오던 회사를 떠나면 힘이 사라진다. 껍질을 벗어버린 달팽이 같은 인간이 되고 만다.

이러한 사람들은 원래 조직에 소속되어 있던 무렵부터 자신의 내적 인성이 부족했던 사람들이다. 그러므로 집단이라는 보호막 속에서 용기나 긍지를 차용하고 있었던 것에 불과하다.

결국 아름다움이 무엇인지는 스스로 결정하는 수밖에 없다. 긍지나 명예는 자신에게 물어보아야 하는 것이다. 다른 사람의 관점으로 측정할 수 있는 것이 아니다. 어딘가에 절대로 움직일 수 없는 자신의 입장을 지니고 있는 것이 인간의 존엄성의 증거가 된다. 편역자 주 이 내용을 보다 잘 이해하기 위해서는 내면적 자신감과 외면적 자신감에 대해 알아야 한다. 저자가 얘기하는 '긍지'란 내면적 자신감이다. 더 자세한 내용은 《현용수의 인성교육 노하우》(현용수, 동아일보, 2008), 제1권 제2부 제3장 I. '수직문화와 수평문화가 자신감에 미치는 영향' 참조.

비누 일곱 개, 못 한 개, 성냥 2천 개비

인간은 무엇에 의해서 인간답게 되는 것일까? 물론 우리들 인간은 개구리보다는 원숭이를 닮아 있다. 그리고 인간이 동물로부터 진화했다는 진화론이 믿어지고 있다. 인간은 동물이며 항상 동물로서 계속 살아갈 것이다.

그러나 이것으로 인간의 모든 것을 설명하기란 어렵지 않을까? 그러므로 또 한 차례 독자와 함께 도대체 인간이란 무엇일까 하는 것을 생각해보고 싶다. 때로는 이러한 일을 생각하는 것이 도움이 된다.

의학적으로 보면 인간은 여러 부분으로 이루어져 있다. 외형적으로는 머리, 몸통, 팔다리 등의 부분으로 나뉘어 있다. 그렇지만 이것으로 인간을 설명하기에는 충분치 않다.

이것으로서는 동물과 전혀 다를 것이 없기 때문이다. 한편 인간은 하나님의 형상을 닮게 만들어졌다고 한다. 이것은 성경의 견해다.

그럼 몇 가지 예를 들어보기로 하자. 대영백과사전에서는 인간을 이렇게 정의하고 있다.

> 인간은 가능한 한 안락을 추구하며, 가능한 한 노력을 덜하고자 하는 동물이다.

이것도 일면의 진리를 말하고 있는지 모르겠다. 그러나 인간이란 꼭 그런 존재만은 아니다. 나치가 득세하기 이전 독일에서는 다음과 같은 말들이 있었다. 이처럼 인간을 '물건'으로 취급한 '비인간적인' 발상도 없을 것이다.

"인간의 육체는 비누 일곱 개를 만드는 데 필요한 충분한 지방질을 갖고 있다. 또, 한 개의 못을 만들 만큼의 철분을 지니고 있다. 또, 인간의 육체에는 2천 개비의 성냥을 만들 만큼의 인이 포함되어 있다. 또, 온몸에 나 있는 털 부분에 바르면 이를 제거할 수 있는 양의 유황을 갖고 있다……."

 나치는 유대인을 강제 수용소에 감금해 놓고, 대량으로 살육한 뒤 인체에서 나오는 물질을 이용하여 실제로 비누와 성냥을 만들었다.

 이와 같이 인간에 대해 여러 가지 설명이 가능하다. 의학적인 이론이나 인간의 행동 양식을 척도로 하여 설명할 수도 있다. 그러나 이것으로서는 인간의 존엄성을 설명할 수 없다. 과학으로 인간의 가치를 측정하는 것은 불가능하다.

 인간은 동물과 비슷하게 생겼지만, 그렇다고 꼭 같지도 않다. 성경에 의하면 지상에서 하나님을 닮고 있는 유일한 생물이다. 그렇기에 자기 자신을 물질적인 척도만으로 측정할 수가 없는 것처럼, 세계를 물질적인 척도만으로 측정해서는 안 된다.

인생은 바이올린의 현과 같다

남에게 신세 진 일을 잊어버리는 인간은 가장 낮은 인격을 지닌 인간이다. 지금까지 당신의 인생을 돌이켜 보자. 이제까지 누구로부터 도움받은 일이 없었던가? 부모가 당신을 도와주지 않았을까? 부모는 당신이 어릴 때부터 보살피며 길러주었다.

교사로부터는 도움을 받은 일이 없었는가? 교사가 당신을 바라보며 당신의 재능을 키워주지 않았는가? 당신은 고용주의 도움을 받은 일은 없었는가? 당신은 친구로부터 도움을 받지는 않았는가? 또는 전혀 알지도 못하는 사람으로부터 도움을 받은 일은 없었는가? 이렇게 돌이켜 본다면 뭐든지 자기 혼자만의 힘으로 해 왔다고 생각하는 것은 잘못이다. 고생이나 인내는 인생에 있어 꼭 필요한 것이다.

유대인 중에는 우수한 음악가가 여럿 있다. 바이올리니스트 중에는 오이스트라흐, 메뉴인 같은 이름을 들 수가 있다. 현이 팽팽하게 당겨져 있지 않으면 바이올린은 고운 음색을 내지 못한다.

아무리 메뉴인이라도 바이올린 줄을 적당히 팽팽하게 당긴 상태가 아니라면 아무런 소리도 내지 못할 것이다. 현은 많은 가능성을 갖고 있다. 켜는 사람에 따라 멋진 음색이 나온다. 그러려면 현을 바이올린에 매어 가능한 한 팽팽하게 당겨야 한다. 끊어질 듯 현을 당겨 매야 한다.

바이올린의 현에 대한 비유는 유대인들 사이에서 종종 쓰인다. 인간은 극한 상황에 이르기까지 괴로워하며 노력함으로써 비로소 아름다운 음색을 탄생시키는 경우가 많다. 따라서 때로는 고생이나 인내도 필요하다. 그럼으로써 자신 속에 감추어진 가장 아름다운 음색을 끌어낼 수 있다. 진짜 괴로움이나 추악함을 경험한 사람일수록 참다운 아름다움과 환희를 제대로 맛볼 수가 있다.

자신의 한계까지 당겨 죄면서 괴로워하며 고생한 적이 없는 인간은, 마치 꽉 조여지지 않고 버려진 바이올린의 현과 같다. 하나님이 그의 내부에 있는 가능성을 이끌어내실 수가 없다. 탈무드는 이렇게 말한다.

"희망의 등불을 계속 가지면 어둠에도 견딜 수 있다."

편역자 주   이 말을 바꾸어 설명하면, 하나님께서는 쓰시는 인물들을 고난의 터널을 통과하게 하신 뒤 그들의 성장된 가능성을 사용하신다는 뜻이다. 자세한 것은 《IQ는 아버지 EQ는 어머니 몫이다》(현용수, 쉐마, 2005), 제3권 제7부 '유대인의 고난의 역사 교육' 참조.

등불을 밝혀라

고대의 한 유대 왕국에 적이 공격해와 그 왕국의 왕과 재상은 절망의 늪에 빠져 있었다. 누가 보아도 침략자가 나빴다. 왕은 이웃 나라에 원조를 청하려고 했다. 왕은 재상에게 원조요청서를 작성하도록 명했다. 그러나 침략자에 비해 병사의 수가 너무 적어서 도저히 상대가 될 수 없었다. 이런 판국에 누가 원조해주러 올까 생각하니 붓이 제대로 움직이질 않았다.

나라가 절체절명의 위기에 놓여 있었으므로 재상은 온 정성을 다해 편지를 쓰려고 했다. 한 장을 썼다가는 버리고, 또 한 장 썼다가는 찢었다. 그러는 가운데 해가 서산으로 기울었다. 부하가 등불을 밝혀 가지고 왔다. 재상이 다음 쓸 말을 생각하고 있는 동안에 더욱 어두워졌다. 부하는

등불을 가까이 들어 올렸다. 그러는 가운데 밤이 짙어졌다. 사방이 어두워졌다. 재상은 부하에게 "등불을 밝혀라!"라고 말했다. 그리고 자신도 모르게 편지에 이 말을 써넣었다. 이 한마디가 이웃 나라 재상의 마음을 움직였다.

에필로그

마지막으로 탈무드의 에피소드와 유대인의 조크를 인용하며 이 글을 끝맺고자 한다. 랍비는 "모든 것은 축복을 받아야 한다."고 가르친다. 유대인은 먹고 마실 때에는 음식물을 축복하고, 번개를 보아도 좋은 것이라고 생각해 축복한다. 삼라만상 전부를 축복해야 한다고 생각하고 있다.

어느 날 랍비는 이런 질문을 받았다.

"좋지 않은 소식이 왔을 때에는 도대체 어떻게 축복을 해야 좋겠습니까?"

그러자 랍비는 이렇게 대답했다.

"아무리 좋지 않은 소식이라 해도 그 가운데에 좋은 면이 있을 것이오. 세계의 모든 것에는 나쁜 면과 좋은 면이 있소. 그 좋은 면을 보아야 합니다."

즉 모든 것은 좋은 방향으로 활용할 수 있다는 것이다.

본문에서도 말한 것처럼 세계는 커다란 변화의 시대를 맞고 있다. 여기에서 유대인의 조크를 여러분께 선물로 드리고자 한다.

어느 때인가 북극의 빙산이 녹아 흘러서 세계의 바다 수위가 높아졌다. 인류는 크게 놀라고 현인들이 모여서 도대체 어떻게 하면 좋을까를 상의했다. 정말 막다른 골목에 왔을 때 인간은 기도하는 것밖에 다른 길이 없었다. 그래서 로마 교황에게 도대체 어떻게 하면 좋을지 묻기로 했다. 교황은 이렇게 대답했다.

"어쨌든 스물네 시간 동안 전 인류가 기도를 드려야 합니다. 그리고 이날만은 일체 사람을 미워하거나 시기하거나 도적질하거나 나쁜 일을 절대로 하지 말고 오로지 선행만을 하며 열심히 기도를 드려야 합니다."

전 세계 인류가 기도를 올리고 있는 사이에도 바닷물은 자꾸자꾸 높아져서 연안 지방에서는 물에 잠기는 집이 늘

어났다. 그래서 어떤 사람이 유대교 랍비에게 어떻게 하면 좋을지 물었다. 그러자 랍비는 이렇게 대답했다.

"그렇다면 인간이 물속에서 살 수 있게 하면 됩니다."

교육혁명이 시작되었습니다!

자녀교육 + 교회 성장 고민하지요?

Q 1: 왜 현대 교육은 점점 발달하는데 인성은 점점 더 파괴되는가?
Q 2: 왜 자녀들이 부모와 코드가 맞지 않아 갈등을 빚는가?
Q 3: 왜 대학을 졸업하면 10%만 교회에 남는가? 교회학교의 90%가 실패하는 원인은?
Q 4: 미주 한인교회의 청소년은 왜 남은 10%마저도 부모가 다니는 교회를 섬기지 않는가?
Q 5: 왜 현대인에게 전도하기가 힘든가?

근본 대안은 유대인의 인성교육과 쉐마교육에 있습니다

- 어떻게 유대인은 위의 문제를 4천200년간 지혜롭게 해결하고 세계를 지배하고 있는가?
- 어떻게 유대인은 아브라함 때부터 현재까지 세대차이 없이 자자손손 말씀을 전수하는 데 성공했는가?

■ 쉐마교육연구원은 무슨 일을 하나?

1. 2세 종교교육 방향 제시
혼돈 속에 있는 2세 종교교육의 방향을 성경적이고 과학적인 연구에 의해 옳은 방향으로 제시해준다.

2. 성서적 기독교교육 재정립
유대인 자녀교육과 기존 기독교교육 자료를 중심으로 백년대계를 세울 수 있도록 한국인에게 맞는 기독교교육 방법을 재정립한다.

3. 한국인에 맞는 기독교교육 자료(내용) 개발
현 한국 및 전 세계 한국인 디아스포라를 위해 한국인의 자녀교육에 맞는 기독교교육 내용을 개발한다.

4. 해외 및 국내 기독교교육 문제 연구
시대와 각 지역 문화의 변화에 대처하기 위해 계속 연구할 것이다.

5. 교회교육 지도자 연수교육
각 지교회의 부족한 교회교육 지도자를 양성 보충하며 기존 지도자의 필요를 충족시켜준다.

6. 청소년 선도 교육 실시
효과적인 청소년 교육 프로그램을 개발하여 선도교육을 실시한다.

7. 효과적 성서 연구 및 보급
성서를 교육학적으로 보다 깊이 연구하고 효과적인 전달 방법을 개발하여 이를 보급한다.

8. 세계 선교 교육
본 교육연구원의 교육이념과 자료가 세계 선교로 이어지게 한다.

■ 쉐마지도자클리닉이란 무엇인가?

쉐마교사대학은 세계 최초로 현용수 교수(Ph. D.)에 의해 설립된, 인간의 인성과 성경적 쉐마를 가르치는 인성교육 전문 교육기관이다. 본 대학에서 가르치는 핵심 교육의 내용 역시 현 교수가 하나님이 주신 지혜로 계발한 것들이며, 거의 모두가 세계 최초로 소개된 인성교육의 원리와 실제를 함께 가르치는 성경적 지혜교육이다.
'쉐마지도자클리닉'은 전체 3학기로 구성되어 있다. 1주 집중 강의 형식으로 3차에 걸쳐 진행된다. 제1학기에는 '유대인을 모델로 한 인성교육 노하우', 제2학기에는 '유대인의 쉐마교육'이 각 지역에서 진행된다. 제3학기는 '유대인의 인성 및 쉐마교육 미국 Field Trip'으로 미국 L.A에서 현용수 교수의 강의를 듣고 이어 유대인 박물관, 정통파 유대인 회당 및 안식일 가정 절기 견학 등 그들의 성경적 삶의 현장을 둘러보고, 정통파 유대인 랍비의 강의를 듣고 서기관 랍비의 양피지 토라 필사 현장을 체험하며, 현지에서의 졸업식으로 3학기 과정을 마친다.
3학기를 모두 마친 이수자에게는 졸업 후 쉐마를 가르칠 수 있는 'Teacher's Certificate'를 수여하여 자신이 섬기는 곳에서 쉐마교육을 할 수 있도록 도와준다.

■ 누가 참석해야 하나?

· 기존 교육에 한계를 느끼고 자녀교육과 교회학교 문제로 고민하는 분.
· 한국 민족의 후대교육을 고민하며 그 대안을 간절히 찾고자 하는 분.
· 하나님의 말씀을 자손에게 물려줄 수 있는 비밀을 알고자 하는 분.
· 유대인의 효도교육의 비밀과 천재교육+EQ교육의 방법을 알고자 하는 분.

미국: 3446 Barry Ave. Los Angeles, California 90066 USA
　　　쉐마교육연구원 (310)397-0067, Fax. (310)397-6621

한국: 02)3662-6567(도서출판 쉐마) Fax. (02)2659-6567
　　　www.shemalQEQ.org shemaiqeq@hanmail.net